†復刊ライブラリー

風塵社

凡　例

＊イタリック体は傍点を付してある。

＊ゴチック体はゴチックで表わしてある。

＊（　）は原著のものであり、〔　〕は訳者が言葉を補う場合に用いている。

＊原註は各文末に挿入した。

本書は、1971年に鹿砦社から刊行された『クロンシュタット叛乱』（イダ・メット／レオン・トロツキー著、蒼野和人／秦洋一訳）を復刊したものである。

復刊に際し、明らかな誤植は改め、一部の用語を現在的に変更している（ソヴェト→ソヴィエトなど）。

現代的な視点からは不適切な表現もあるが、時代性を考慮してそのままとした。


風塵社が本書を復刊することを快くご了承してくださった鹿砦社の松岡利康社長に、心からの謝辞を申し述べる。

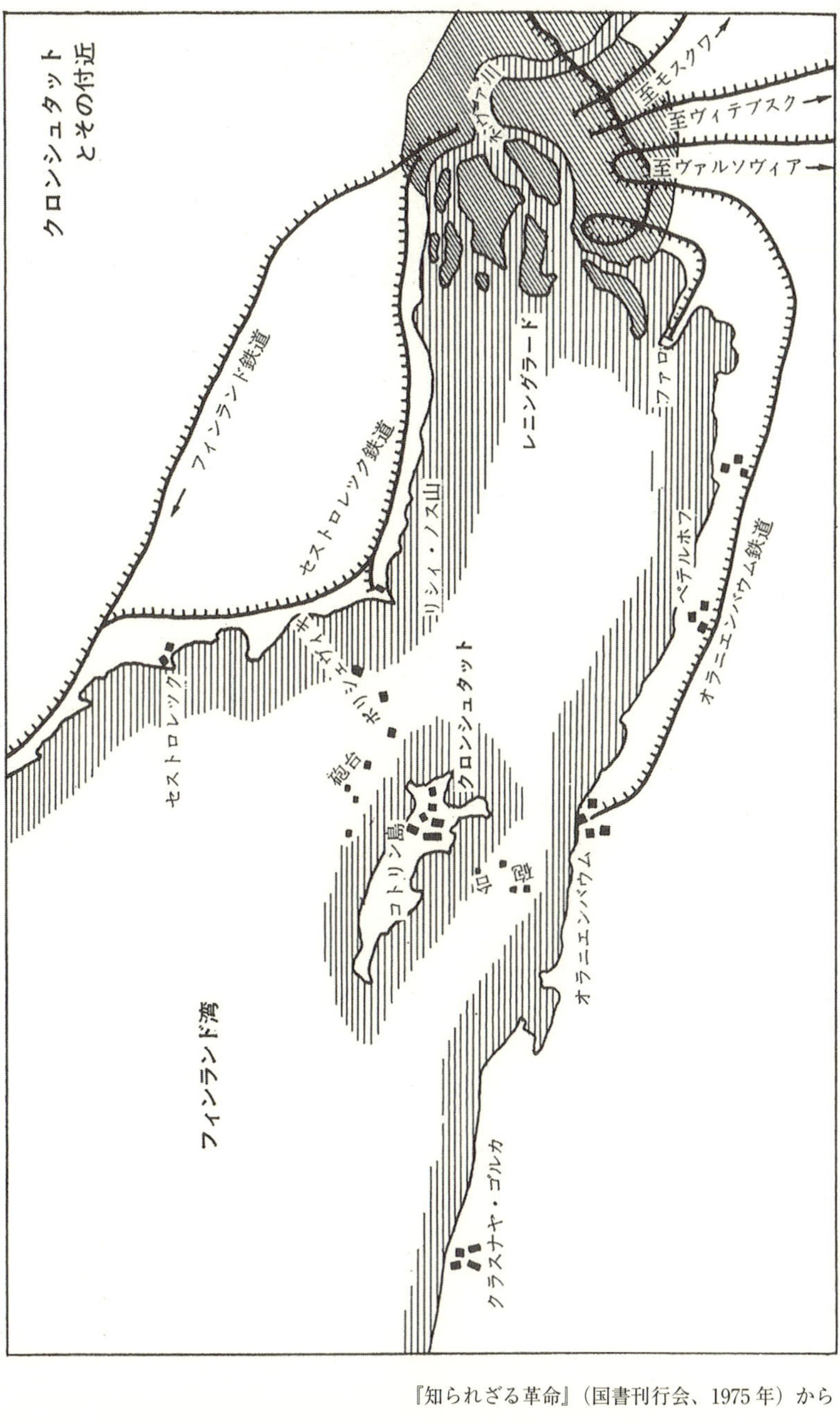

『知られざる革命』（国書刊行会、1975 年）から

クロンシュタット叛乱　目次

クロンシュタット・コミューン――イダ・メット　7

フランス語版への序文　8

I　クロンシュタット事件　13

背　景　15

クロンシュタット前夜のペトログラード　22

クロンシュタット綱領の検討　30

大衆集会　36

臨時革命委員会　38

ボリシェヴィキの中傷　41

一般党員にたいする影響　45

脅迫と買収　54

ペトログラードの支持　58

最初の前哨戦　60

赤軍における士気沮喪　63

赤軍の再編制　67

総攻撃　70
決算書　73
Ⅱ　各政治党派の見解と動向　77
アナキスト　79
メンシェヴィキ　86
右翼社会革命党　91
左翼社会革命党　97
レーニンの考察　99
ペトリチェンコの証言　104
Ⅲ　クロンシュタット——ソヴィエト最後の高揚　111
トロツキーの非難　113
ボリシェヴィキの解釈　124
ローザ・ルクセンブルクの見解　130
第三ソヴィエト革命　133

クロンシュタット論——レオン・トロツキー 143
ヴェンデリン・トマスの問いかけ 145
クロンシュタットをめぐる非難・弾劾 151
再びクロンシュタット鎮圧について 170
ロシア革命における《一九二一年》——湯浅赴男 175
訳者付記 189

クロンシュタット・コミューン――イダ・メット

フランス語版への序文

一九二一年以降、新たな事実が明らかにされたということはないが、クロンシュタットにたいしてわれわれが一層深い分析をなすべき機が熟してきたように思われる。ロシア政府および赤軍にかんする諸記録は、いかなる種類の客観的分析にたいしてもその門戸を閉ざしたままである。にもかかわらず、いくつかの公式刊行物にみられる記述は、歪められた光によってではあれ、これらの諸事件の何ほどかを映し出しているように思われる。だが、当時明らかにされたことどもは、われわれがこのロシア革命の予兆的そして決定的なエピソードの政治的意味を把握することを可能ならしめるのに、すでに十分なものであった。

西ヨーロッパ労働者階級の戦闘的部分は、ボリシェヴィキ政権に絶対的信頼を寄せていた。この政権は、封建的・ブルジョア的反動に抗する闘争における労働者階級の巨大な努力の先頭に立ってきたばかりであった。これらの労働者たちの眼には、この政権が「革命」そのものを体現しているように映っていたのである。

この同じ政権が革命的蜂起を残虐に弾圧することができたなどとは、人民大衆には信じられるはずがなかった。そのゆえにこそ、ボリシェヴィキは、易々と（クロンシュタット）運動に反革命というレッテルを貼りつけ、ロシアおよびヨーロッパ・ブルジョアジーによって組織され、支援されたものとして非難することができたのである。

「前将軍コズロフスキーを先頭とする、白衛軍の将軍どもの叛乱」と当時の新聞は述べたてた。だがそうしたあいだにも、クロンシュタットの水兵たちは以下のようなアピールを全世界に向け発しつつあったのである。

「同志労働者、赤軍兵士ならびに水兵諸君。われわれは、党派の権力のためではなく、ソヴィエトの権力のためにたたかっている。われわれは、すべての労苦している者による自由な代表制を支持しているのだ。同志諸君、諸君らは迷わされている。クロンシュタットでは、全権力が革命的水兵・赤軍兵士・労働者の手中に握られている。モスクワ放送が諸君らに語っているように、コズロフスキー将軍に率いられているといわれる白衛軍の手中にあるのではない。」

クロンシュタット水兵とクレムリン政府との見解の衝突は、かくのごときものであった。われわれは、歴史的諸事件についての客観的な分析を通じて、労働者階級の重大な関心事に応えたいと望んでおり、これらの相矛盾する命題を、事実と資料それにクロンシュタット壊滅のほぼ直後に生起した諸事件の光にあてつつ検証することを試みようと考える。

「全世界の労働者がわれわれを裁くであろう」とクロンシュタットの蜂起者たちは、その放送を通じて語っていた。「無辜の人びとの血潮が、権力に酔い痴れてしまった者どもの頭上に降りかかるであろう。」この言葉は、予言的ではなかったろうか?

ここに、この叛乱の鎮圧に主要な役割を演じた著名な共産主義者《コミュニスト》たちのリストがある。読者諸氏は、彼らの末路を知るであろう。

ジノヴィエフ　ペトログラード〔のちにレニングラード、現サンクトペテルブルク〕における全能の独裁者。ストライキ参加者、水兵双方にたいする無慈悲な闘争を指令。銃殺。

トロツキー　陸海軍人民委員。メキシコにおいてスターリニストの手先きの手によって暗殺さる。

ラシェヴィチ　革命軍事委員会委員。ペトログラードのストライキ参加者とたたかうため組織された防衛委員会委員。自殺。

ドィベンコ　歴戦の水兵。一〇月〔革命〕以前は、バルチック艦隊中央委員会の組織者の一人。クロンシュタットの軍事的粉砕にさいして、とくに積極的役割を果たす。一九三八年当時、なおペトログラード地区守備隊指揮官。銃殺。

クズミン　バルチック艦隊付政治委員。生死不明。消息不明。

カリーニン　「国家元首」として名ばかりの権力の座に留まる。自然死。
トゥハチェフスキー　クロンシュタットへの突撃計画を細密に練り、その突撃を指揮。銃殺。
ブンタ　クロッシュタットの軍事的鎮圧への参加によって叙勲され、のちにロンドン駐在武官。銃殺。

第一〇回党大会代議員で、クロンシュタットに敵対してたたかった者――
ピャタコフ　銃殺。
ルヒモヴィチ　銃殺。
ブブノフ　公職追放。行方不明。
ザトンスキー　公職追放。行方不明。
ヴォロシーロフ　一九四一―四五年大戦期間中は、地位を保持（のちにソヴィエト中央執行委員会常任委員会議長）。

パリ　一九四八年一〇月

I　クロンシュタット事件

「白衛軍の新たな陰謀……フランス反革命勢力によって疑いもなく準備され、その期待を担ったところの。」『プラウダ』一九二一年三月三日付。

「白衛軍将軍どもが――諸君はみなそれを御存知であるが――ここで大きな役割を演じたことは疑いない。それは完全に立証されている。」レーニン、ロシア共産党（ボ）第一〇回大会への報告。一九二一年三月八日、『選集』第九巻九八頁。

「ボリシェヴィキは、クロンシュタットの人びとを白色将軍に率いられた反革命謀反者として非難した。この非難が、根拠のないものであったことは、明らかになっている。」アイザック・ドイッチャー『武装せる予言者』（オックスフォード大学出版、一九五四年）五五一頁。

「クロンシュタットの叛乱者たちが、白衛軍であるという、いかなるいいがかりもなされなかった。」ブライアン・ピアース（社会主義労働同盟の「歴史家」）、『レイバー・レヴュー』第五巻第三号。

背景

クロンシュタット蜂起は、ヨーロッパ戦線における内戦終結の三カ月後に勃発した。内戦が勝利的結末へ近づくにつれて、ロシアの労働者大衆は慢性的飢餓状態に陥っていった。彼らは同時に、単一の党に支配される苛酷な体制の下に、ますます抑圧されていったのである。一〇月革命を成し遂げた人びとは、まだ、社会革命への約束と自分たちがかつて抱いた新たな社会を建設するのだという希望とを記憶にとどめていた。

この世代の人びとは、労働者階級のきわめて重要な部分を構成していた。彼らは、平等と真の自由への自らの要求を、戦争と両立しさえすればと願いながらも、少なくとも戦時下の諸条件の下では達成することが困難であると信じて、いやいやながら放棄していた。だが、ひとたび勝利が確実となるや、都市労働者、水兵、赤軍兵士、それに農民、これら内戦のあいだに自らの血を流したすべての人びとは、自らの艱難辛苦と苛烈な規律への無条件の服従とにたいするいかなる正当化も、もはや認めることはできなかった。たとえ、これらのことが戦時下においては一定の存在理由を有していたとしても、そうした理由は、もはや用いられるべくもなかったのである。

多くの者が前線でたたかっていたあいだに、他の者たち——国家装置の中での支配的な地位を享受している——は、自己の権力を強化し、また、自己をますます労働者から隔離していった。官僚主義はすでに、憂慮すべきほどの拡がりをみせていた。国家機構は、単一の党——その党自体も一層、職業的分子によって侵蝕されていったのであるが——の掌中にあった。日常生活においては、党に所属していない労働者は、遅ればせながら党の下に馳せ参じたかつてのブルジョアや貴族と較べれば、とるに足りない存在となった。自由な批判はもはや存在していなかった。党員であれば誰でも、ただ自己の階級的権利と労働者としての尊厳を守ろうとしているにすぎない労働者にたいして、《反革命》の非難を投げつけることができたのである。

工業および農業生産は、急速に下降線をたどっていきつつあった。事実、工場用の原料は、皆無であった。機械類は磨滅し、放置されていた。プロレタリアートの主要な関心事は、飢饉との深刻な闘争であった。工場からものを盗むことが、あまりにも劣悪な賃金下の労働にたいする一種の埋め合わせとなっていた。こうした窃盗行為は、工場の門においてチェーカーによってなされる、たび重なる身体検査にもかかわらず、続出したのである。

農村に縁故関係をまだもっている労働者たちは、古着とかマッチとか塩とかいったものを食糧と交換するために、そこへ出かけて行くのだった。列車は、こうした人びと（メショーチニキと呼ばれた）で満員だった。無数の困難にもめげず、彼らは、飢えに瀕している都市へ食料を持ち込もうと努力していた。労働者階級の怒りは、彼らがその子供たちを餓死から護ろうとして背中にかついできた小麦粉や馬鈴薯のささやかな荷袋が民兵の検問で没収されるたびごとに、爆発した。

農民は、強制的徴発に屈従させられていた。彼らは、凶作から現実に生じつつある飢饉の危険をも顧みず、作付けをさらに縮少していた。凶作は、恒常的なことであった。普通ならば、その程度の収穫で自動的にこうした大災難となってしまうようなことはありえなかった。耕作地域は広大であり、農民は、さらに苦しくなる時期に備えて、何ほどかを通常とっておくものだった。

クロンシュタット叛乱に先行する状況は、約束されたものと獲得されたものとの奇妙な齟齬、というふうに要約されるであろう。厳しい経済的困難が存在していた。と同時に、いま問題となっている世代の人びとが、革命期にそのためにたたかった諸権利の意味していたことを忘れ去ってはいなかった、という事実も重要なことであった。このことが、叛乱の真の心理的背景をつくり出すこととなったのである。

赤色海軍も自己の問題をかかえていた。ブレスト＝リトフスク講和以来、政府は、兵士による将校の選出という以前の原則とはまったく相入れない厳格な軍規に基く、軍隊の完全な再編制に着手していた。完全な階級制が導入された。こうしたことは、これまで革命の軌跡において広くゆきわたっていた民主主義的傾向を徐々に窒息させていったのである。純粋に技術上の理由から、海軍――そこでは革命的伝統が強固に根をおろしていた――においては、こうした再編制が可能ではなかった。海軍将校のほとんど大部分は白衛軍側に移ってしまっていたし、水兵たちは一九一七年に彼らが勝ちとった民主的諸権利の多くを未だ保持していたのである。彼らの組織を完全に解体することは、不可能なことであった。

こうした事態は、軍隊の残余の部分で起こっていたこととは、きわだった対比をなしており、ながく続くわけがなかった。一般水兵と軍隊の上級指揮官との不和は、爆発寸前にまでなるにいたった。

不満は、非党員水兵たちのあいだにだけ蔓延していたわけではない。それは、共産党員水兵たちにも影響を与えていたのである。《陸軍方式》の導入によって艦隊を《規律化》するという試みは、一九二〇年以来、激しい抵抗に遭遇していた。有力な党員であり、バルチック艦隊革命軍事委員であるツェフは、その《独裁者的な態度》のゆえに、共産党員水兵たちによって公けに弾劾された。一般水兵と指導者とのあいだに拡がりつつあった巨大な裂け目は、一九二〇年一二月に開催された第八回ソヴィエト大会への選挙期間中に姿を現わした。ペトログラード海軍基地では、多数の水兵たちが、海軍政治部《ポリトオトジエル》および艦隊委員会《コムフロト》（すなわち、海軍における政治的統制権を独占している当該諸組織）の人間を正式の代議員として派遣することに公然と抗議して、選挙集会場から荒々しく退場した。

一九二一年二月一五日、第二回バルチック艦隊共産党員水兵会議が開かれた。この会議は、三〇〇名の代議員を集めて以下のような決議を可決した——

第二回共産党員水兵会議は、バルチック艦隊政治部（Poubalt）の所業を公然と非難するものである。

（1）バルチック艦隊政治部は、自らを大衆からばかりか、活動家たちからも切り離している。それは、水兵のあいだになんらの権威を有さぬ、官僚的機関へと変質してしまったのである。

（2）バルチック艦隊政治部の仕事には、計画性もしくは順序だった方法が全面的に欠如している。同時にそこには、その行動と第九回党大会で採択された諸決議とのあいだの一致が存在していない。

（3）バルチック艦隊政治部は、自らを党員大衆からまったく切断してしまった結果、その局部的イニシアティブを全的に破壊してしまった。それは、すべての政治的活動を机上の仕事に変えてしまった。こうしたことは、艦隊における大衆組織に有害な影響を与えてきた。昨年六月から一一月のあいだに（水兵）党員の二〇パーセントが、離党してしまっている。これは、バルチック艦隊政治部の誤った指導方法により説明されうるのである。

（4）この原因は、バルチック艦隊政治部の組織諸原則そのもののなかに見い出されるべきである。これらの諸原則は、民主主義をより一層拡大する方向に転換されねばならない。

数名の代議員は、その発言のなかで、海軍における《政治部》の完全な廃止——われわれはこうした要求が、クロンシュタット叛乱時の水兵決議のなかで再び表明されるのを見い出すだろう——を要求した。これが、第一〇回党大会に先だって巻き起こったあの有名な労働組合問題にかんする論争時における全体的気分であった。

当時の記録文書のなかに、労働者や、内戦期にたたかったすべての人びとをとらえていた大いなる不満を無視するだけでなく、日常生活の諸問題、とくに産業や労働組合にたいして軍事的方法を応用するという、ボリシェヴィキ指導者たち（とりわけトロツキー）の確かな意向をはっきりと認めることができる。

この白熱した論争のなかで、バルチック艦隊の水兵たちは、トロツキーの見解とは非常に異なる立場を採った。第一〇回党大会へ向けての選挙にさいして、バルチック艦隊は自らの指導者、すなわち軍事人民委員トロツキー（その権威の下に海軍が生まれた）およびバルチック艦隊司令官ラスコリニコフに、一致団結して反対投票を行なった。トロツキーとラスコリニコフは、労働組合問題について、意見が一致していたのである。

水兵たちは、事態の進展にたいして、集団で脱党することによって抗議しようと試みた。ペトログラード人民委員ソーリンによって明らかにされた情報によれば、一九二一年一月だけで五〇〇〇人の水兵が党を離れたのである。

この時期に党内に巻き起こった論争が、大衆に深い影響をおよぼしたことは、疑いの余地がない。それは、党が押しつけようとしていた偏狭な限界を超えてあふれ出し、全労働者階級へ、そして、兵士や水兵たちへと拡がっていった。地方における激烈な批判が、触媒として作用した。プロレタリアートの思考は、きわめて論理的であった。もし、討論と批判とが党員に許可されているのなら、どうして内戦のあらゆる辛苦に耐えぬいた大衆自身にそれらが許可されてはならないのだ？

レーニンは、第一〇回大会における演説――大会議事録に発表されている――で、そうした討論を「許可」してしまったことに遺憾の意を表明した。「われわれは、この討論を認可した点において間違いなく過ちをおかしたのである。非常な困難が山積みしている春を目前にして、こうしたおしゃべりは有害なものだった。」

クロンシュタット前夜のペトログラード

ペトログラードの人口が三分の二も減少したにもかかわらず、一九二〇—二一年の冬はことに厳しいものとなるであろうことが明らかになった。

市中の食糧は一九一七年二月以来、払底しており、事態は、毎月毎月悪化していった。都市は、他の諸地方から持ち込まれる食料品に、つねに依存してきた。革命期には、これらの地域の多くで、農村経済は危機に瀕しており、首都へは、きわめて少量の供給しか可能でなかった。鉄道の悲劇的な状態は、事態をさらに一段と悪化させていた。絶え間なく増大する都市と農村の反目は、いたるところで新たな困難を現出させていた。

こうした一面では不可避的な要因に加えて、食糧供給にあたる国家諸機関の行政上の官僚主義的堕落と強奪とが、あげられねばならない。住民に《食糧を供給する》という彼らの役割は、むしろ実際には否定的なものであったのだ。この時期にペトログラードの住民が餓死しなかったとすれば、それは結局のところ、住民自身の順応性と創意工夫によるものだった。彼らは、ありとあらゆる可能なところで、食糧を調達したのだ！

物々交換は、大規模に行なわれていた。耕作面積の縮少にもかかわらず、農村には未だ若干の食糧の予備があった。農民は、この穀物を自分たちに欠如している品物――長靴、石油、塩、マッチといった――と交換するのだった。都市住民は、可能な限りあらゆる手段を用いてこうした品物を手に入れようと努めた。そうした品物だけが、真の価値を有していたのである。人びとは、それらの品物を携えて農村へ行き、交換に数ポンドの小麦粉や馬鈴薯を肩にかついでくるのだった。すでに述べたように、暖房のない、滅多にこない列車は、肩に袋を背負った人びとを満載していた。途中でこうした列車は、燃料の欠如のために、しばしば停まらなければならなかった。すると、乗客は飛びおりて、蒸気釜用の丸太を切り出すのだった。

市場は、公式には廃止となっていた。だが、ほとんどの都市にも、なかば黙認された闇市場があり、そこでは物品交換が行なわれていた。こうした市場は、ペトログラードにも存在していた。一九二〇年の夏、突然、ジノヴィエフが、いかなる種類の商取引をも禁じるという布告を発した。それまで開いていたわずかな数の小商店も閉鎖され、その扉は封印された。しかしながら、国家機構はこの都市を援助する立場にはなかった。この瞬間から、飢饉はもはや住民の創意工夫によっては緩和できないものとなってしまった。飢饉はその極点にまでたかまった。一九二一年一月には、ペトログラード市国家供給部（Petrokommouna）発行の報告によれば、金属精錬工場労働者は一日分の配給量として黒パン八〇〇グラム、その他の重工業の労働者は六〇〇グラム、A・Vカードを所有する労働者は四〇〇グラム、残余の労働者は二〇〇グラム、をそれぞれ割りあてられていた。黒パンは、当時のロシア人にとって主食であった。

ところが、こうした公式の割当てですら、不規則にしか配給されず、しかも規定量よりも少ないというありさまであった。運輸労働者は、不定期に平均七〇〇—一〇〇〇カロリーを摂取していたにすぎない。住居は、暖房なしだった。衣類と靴の欠如は酷いものだった。公式統計によれば、ペトログラードにおける一九二〇年の労働者階級の賃金は、一九一三年当時のそれのわずか九パーセントにすぎなかった。

住民は首都から流出しつつあった。地方に親戚をもっている人びとは、そこへ帰っていった。正真正銘のプロレタリアートは、地方ときわめて細々とした関係を保ちながら、最後まで留まっていた。

こうした事実は、やがて勃発することになるペトログラードのストライキを「プロレタリア的理念で不様に武装された」農民分子の責任に帰そう、と企てる官製の嘘に釘をさすために、強調されなければならない。真の状況は、その正反対であったのだ。なるほど何ほどかの労働者は、地方へと避難した。が、大部分は都市に留まっていたのだ。飢えに瀕している都市へ向けての農民の脱出など断じてなかった！　当時ペトログラードに駐留していた数千の「労働軍兵士」（Toudarmeitzys）も、事態を変更するものではなかった。最後にストライキという階級闘争の古典的武器に訴えたのは、先行する二つの革命で傑出した指導的役割を演じたプロレタリアート、かの名高いペトログラード・プロレタリアートそのものであったのだ。

最初のストライキが、一九二一年二月二三日、トルボチニイ工場において勃発した。二四日には、ストライキ参加者は、街頭における大衆的示威行進《デモンストレーション》を組織した。ジノヴィエフは、「クルサントゥイ」（士官学校生徒）の分遣隊を彼らに対抗して繰り出した。ストライキ参加者たちは、フィンランド連隊の兵営と連絡をとろうと試みた。こうしたあいだにも、ストライキは拡大しつつあった。バルチスキイ工場が操業を停止した。ラファーマ工場や多くの工場――スコロホッド靴工場、アドミラルチスキイ工場、ボーマンおよびメタリスチェスキイ工場、そして二月二八日には、ついに大プチロフ工場自身が、これに続いたのである。

ストライキ参加者は、食糧供給援助への処置を要求していた。地域的な市場の再設置、市から半径三〇マイル以内の旅行の自由、それに市周辺の道路を押さえている民兵分遣隊の退去を要求していた工場もあった。だが、こうした経済的諸要求とならんで、いくつかの工場は、言論および出版の自由とか、労働者政治犯の釈放とかいった、一層政治的な要求を前面におしだしていた。大工場のいくつかでは、党の代表者たちが発言の機会を拒否された。

自らの耐えがたい状態からの出口を模索しているロシア労働者階級の窮境に直面して、盲同然の党委員会とジノヴィエフ（無数の報告書によれば、彼はペトログラードにおいて、真の専制君主のごとく振る舞っていた）は、暴力に訴える以外に説得するすべを知らなかった。

クロンシュタット叛乱にかんする《官許》歴史家であるプーホフは、[原註]「労働者階級とその前衛である共産党の手から権力を奪うために、プロレタリアートの没階級意識的部分を利用している革命の敵を打倒するために、断固たる階級的手段をとる必要があった」と記している。

（原註）　プーホフ、『一九二一年のクロンシュタット叛乱』国立出版所。「若き親衛隊」版、一九三一年。叢書「内戦期」所収。

二月二四日、党指導者たちは、防衛委員会と呼ばれる特別参謀本部を設置した。これは、ラシェヴィチ、アンジェロヴィチ、それにアヴローフという三名の人間で構成されていた。彼らは、多くの専門家に補佐されることとなっていた。都市の各地区にも、地区党指導者、地区旅団の党員大隊指揮官それに将校訓練隊付政治委員からなる同様の三人委員会（「トロイカ」）が設置されることとなった。また同様な委員会が、遠隔地域にも組織された。これらの委員会は、地方党指導者、地方ソヴィエト執行委員会議長、それにその地区の軍事人民委員より構成されていた。

二月二四日、防衛委員会はペトログラードに包囲状態宣言を発した。夜間一一時以降の市街地の通行、および防衛委員会にまえもって特別に許可されなかった集会や会合は戸外たると屋内たるとを問わず、全面的に禁止された。「いかなる違反も軍隊法に従って処断されるであろう。」この布告は、ペトログラード軍管区司令官アヴローフ（後にスターリニストの手で銃殺される）、軍事会議委員ラシェヴィチ（後年、自殺した）、それにペトログラード要塞地区司令官ボーリン（後にスターリニストの手で銃殺される）によって署名された。

党員にたいする総動員令が発令された。特別部隊が編制され、これは《特別な目標》に向けて派遣されることとなっていた。同時に、この都市への入口と出口に通ずる道路とを警戒していた民兵分遣隊は、撤退させられた。そうした後で、ストライキの指導者たちが逮捕されたのである。

二月二六日、当然にもペトログラードで進行しつつあった事態のすべてに関心を寄せていたクロンシュタットの水兵たちは、ストライキについての事実を知るために代表団を派遣した。この代表団は、数多くの工場を訪れて回り、二八日にクロンシュタットに帰着した。同日、戦艦「ペトロパヴロフスク」の乗組員は、事態を討議した後、以下のような決議を採択した。(原註)

(原註) この決議は、次いで全クロンシュタット水兵総会において、また赤衛軍の多数の部隊によって、賛成された。さらにこの決議は、クロンシュタットの全労働者大会によっても賛成された。そしてこれが、叛乱の政治的綱領となったのである。それゆえに、これは注意深く検討するに価する。

艦隊乗組員総会によってペトログラードにおける状況を把握するために派遣された代表団の報告をきいた結果、水兵たちは以下のことを要求する――

(1) ソヴィエト再選挙の即時実施。現在のソヴィエトは、もはや労働者と農民の意志を表現していない。この再選挙は、自由な選挙運動ののちに、秘密投票によって行なわれるべきである。

(2) 労働者と農民、アナキストおよび左翼社会主義諸政党にたいする言論と出版の自由。

(3) 労働組合と農民組織にたいする集会結社の権利およびその自由。

(4) 遅くとも一九二一年三月一〇日までに、ペトログラード市、クロンシュタットそれにペトログラード地区の非党員労働者、兵士、水兵の協議会を組織すること。

（5）社会主義諸政党の政治犯、および投獄されている労働者階級と農民組織に属する労働者、農民、兵士、水兵の釈放。

（6）監獄および強制収容所に拘留されているすべての者にかんする調書を調べるための委員会の選出。

（7）軍隊におけるすべての政治部の廃止。いかなる政党も自らの政治理念の宣伝にかんして特権を有するべきでなく、また、この目的のために国庫補助金を受けるべきではない。政治部の代わりに、国家からの資金援助でさまざまな文化的グループが設置されるべきである。

（8）都市と地方との境界に配備されている民兵分遣隊の即時廃止。

（9）危険な職種および健康を害する職種についている者を除く、全労働者への食糧配給の平等化。

（10）すべての軍事的グループにおける、党員選抜突撃隊の廃止。工場や企業における、党員防衛隊の廃止。防衛隊が必要とされる場合には、その隊員は労働者の意見を考慮して任命されるべきである。

（11）自ら働き、賃労働を雇用しないという条件の下での、農民にたいする自己の土地での行動の自由および自己の家畜の所有権の承認。

（12）われわれは、全軍の部隊ならびに将校訓練部隊が、それぞれこの決議を支持するように願っている。

(13) われわれは、この決議が正当な扱いの下に印刷、公表されるよう要求する。

(14) われわれは、移動労働者管理委員会の設置を要求する。

(15) われわれは、賃労働を使用しないという条件の下での、手工業生産の認可を要求する。

クロンシュタット綱領の検討

クロンシュタット水兵もペトログラードのストライキ参加者も、この政治的危機の根底にロシアの経済的状態が存在していることを熟知していた。彼らの不満は、飢饉および政治情勢の全的展開過程の双方によって引き起こされていた。ロシアの労働者大衆は、ますます彼らの最大の希望、すなわちソヴィエトによって幻滅させられていった。彼らは、一党派の権力そのものがソヴィエトの権力の代わりに入り込んでくるのを日々目撃していた。さらに、この党は、絶対的権力を行使することで急速に堕落しつつあり、すでに職業的人間によって孔だらけにされていた。労働者階級が反撃しようとしていたのは、まさにこの党による生活のあらゆる分野にわたる独裁にたいしてだったのである。

クロンシュタット決議の第一項は、ロシア労働者階級の最良の部分に共有されていた思想を表明していた。完全に《ボリシェヴィキ化》したソヴィエトは、もはや労働者農民の願望を反映してはいなかった。このゆえに、労働者階級の政治的傾向のすべてにたいして完全に公平であるという原則にしたがって行なわれる再選挙が要求されたのである。

そうしたソヴィエトの再生は、中傷誹謗や抹殺を恐れることなく自己を自由に表現する可能性を求めている、全労働者階級の希望を認めることを意味するであろう。したがって、きわめて当然にも、第二項に含まれている、表現、出版、集会結社の自由という思想が次に続いたのである。

われわれは、農村においてたたかわれていた階級闘争が、一九二一年までには、事実上休止状態になっていたことを強調せねばならない。《クラーク》の大多数は、駆逐されてしまっていた。農民にたいして第三項で要求されているように基本的諸自由を認めることは、クラークの政治的権利を復活させることになると主張するのは、まったく誤まりである。農民が、当時、党の公式代弁者であったブハーリンによって「自分自身を富ませよ」と奨励されるようになったのは、このわずか数年後のことであった。

クロンシュタット決議は、公然かつ明瞭に語られているという長所を有していた。とはいえ、それは、新たな地平を切り拓くものではなかった。その主要な諸理念は、いたるところで討論されているものであった。労働者や農民はすでに、そうした理念を、いかなるかたちにせよ、はっきり述べたことにたいして、監獄や新たに設置された強制収容所を満員にしつつあったのだ。クロンシュタットの人びとは、彼らの同志たちを見捨てはしなかった。彼らの決議の第六項は、彼らが裁判の全機構を調査するつもりでいたことを示している。彼らはすでに、自分たちの司法機関としてのその客観性にかんして、重大な疑いをいだいていたのである。そのことによってクロンシュタットの水兵は、労働者階級の最良の伝統にたいする連帯精神を発揮していたといえよう。一九一七年六月にケレンスキーは、ペトログラードを訪問したバルチック艦隊の代表団を逮捕したことがあった。クロンシュタットは、ただちに彼らの釈放を主張する、それ以上の代表団を派遣した。一九二一年、この伝統が自発的に復活されることとなったのである。

決議の第七項および第一〇項は、支配政党により行使されている政治的独占権を攻撃していた。この党は、軍隊と警察の双方にその影響を拡大するための排他的かつ無制限な手段手口に、国家の資金を用いていたのだ。

決議第九項は、すべての労働者にたいする平等な食糧配給を要求していた。このことは、一九三八年のトロツキーの非難(原註)——それによれば「クロンシュタットの人びとは、国中が飢えているというのに特権を求めていた」——を粉砕している。

(原註) この非難は、モスクワ裁判にかんするニューヨーク調査委員会メンバー、ヴェンデリン・トマスによってトロツキーに向けられた質問への回答の中でなされている。(本書所収)

第一四項は、明らかに労働者管理の問題を提出していた。この要求は、一〇月革命以前にも革命の最中にも、労働者階級のあいだに強力な反響を巻き起こしていた。クロンシュタットの水兵たちは、真の管理権が一般大衆の手から離れてしまったことをきわめて明確に理解していた。彼らは、それを取りもどそうとしたのである。一方ではボリシェヴィキが、全管理権をラブクリン(原註)(労農人民監督部)という特別人民委員部の手に与えようと努めていた。

(原註) 歴史は、この問題にかんして、一体誰を正しいと証明するだろうか? レーニンは、二度目

の発作の直前に、こう書かねばならなかった（『プラウダ』、一九二三年一月二八日）。「正直にいおう。労農監督部は、まったく権威を有していない。誰もが、われわれの労農監督部より悪い制度はない、ということを知っているのだ。」これは、クロンシュタットの鎮圧後、わずか一八カ月後に語られたことである（スターリンが、一九一九年から、党書記長に任命された一九二二年の春まで、ラブクリンの委員長であったことは指摘する価値があろう。彼は、公式にそこを離れたのちですらも、ラブクリンに強大な影響力を行使しつづけた。レーニンは、たまたま、スターリンのこのポストへの任命やその活動に反対の声をあげなかった。後になってようやくそうしたのだった。事実、レーニンは、トロツキーのより先見の明のある批判のいくつかに抗してスターリンとラブクリンの双方を弁護したのである。——ドイッチャー『武力なき予言者』四七—四八頁、および『ソリダリティ』第二巻第七号二七頁の評注参照）。

第一一項は、クロンシュタットの水兵たちが未だ結びつけられていた——当然、ロシア・プロレタリアートの全体がそうであったのだが——農民の要求を反映させていた。こうした結びつきの基礎は、ロシアにおける産業発展の特殊性の中に見い出しうる。封建的後進性のゆえにロシアの産業は、その基盤を小規模な手工業の中に求めることができなかったのだ。ロシアの労働者は、圧倒的部分が農民層の出身であった。このことは強調されねばならない。一九二一年のバルチック艦隊の水兵たちは、疑いもなく農民層と緊密に結びつけられていた。しかしながら、一九一七年の水兵たちも、まったく同様であったのだ。

クロンシュタットの水兵たちは、その決議の中で一〇月〔革命〕における主要な要求の一つであったものを再びとりあげていた。彼らは、他人の労働を搾取していない農民については土地と家畜とを所有する権利を与えよ、との農民の主張を支持していたのである。そのうえ、一九二一年には、とくにこの要求は、もう一つの側面を与えられていた。それは、絶望的になりつつあった食糧問題を解決するための試みでもあったのだ。強制的徴発制度の下で、都市の住民は文字通り餓死しつつあった。何故、この要求を満たすことが、一九二一年三月にレーニンによって提唱された時には「戦術上正しく」て、それより数週間前に農民自身によって提出された時には「反革命的」だと見做されなければならなかったのか？

クロンシュタット綱領について、何がいったい、反革命的だったのか？　何が、党によって開始されたクロンシュタットにたいする聖戦を正当化しえたのか？　自己を排他的なまでの虚偽とテロルのうえに立脚させたくない、と希求する《労働者と農民》の支配体制ならば、農民層を考慮に入れなければならなかったはずである。そのことのゆえに、その体制が革命的性格を喪失するといった懸念はいらなかったのだ。しかも、クロンシュタットの人びとは、そうした諸要求を提出した時に、孤立していたわけではなかった。一九二一年には、マフノ一党は未だウクライナで活動していた。この革命的農民運動は、独自の思想と闘争形態とを発展させつつあった。ウクライナの農民たちは、封建的領主を追い払うのに、卓越した役割を果たしてきたのだ。彼らは当然、自己の社会的生活形態を自ら決定する権利を保持してきたのであった。

トロツキーの断言的な実体のない主張にもかかわらず、マフノ運動は、いかなる意味においても断じて富農《クラーク》の運動ではなかった。マフノ運動にかんする公認のボリシェヴィキ歴史家クーバニンは、党歴史研究所編纂の本の中で、マフノ運動は当初農民人口の極端に稀薄な地域に限って出現し、急速に発展したということを統計的に示している。マフノ運動は、その創造能力を全的に発現する機会に恵まれる以前に、粉砕されたのである。マフノ運動が、内戦の最中に独自の闘争形態を創出しえたという事実から、われわれは、それがはるかに多くのものを生みだしえたであろう、と推察することができよう。

当然のことながら、農業政策にかんしてボリシェヴィキのジグザグほど大災厄を招いたものはない、ということは明らかである。一九三一年、すなわちクロンシュタットから一〇年たったのち、スターリンは彼の有名な「クラークの一掃」を宣言することとなった。そしてこれが、恐るべき飢饉と数百万の人命の損失とをもたらしたのである。

最後に、手工業生産の自由を要求した、クロンシュタット決議の第一五項を検討しよう。これは、原則の問題ではなかった。クロンシュタットの労働者にとって、手工業生産は、まったく零の状態に落ち込んでしまった工業生産を埋めあわせるべきものとしてあったのだ。この要求を通じて、彼らは自らの耐えがたい経済的苦境からの脱出路を模索していたのである。

大衆集会

クロンシュタット・ソヴィエトは、三月二日に改選されることになっていた。

第一、第二戦艦乗組員部隊の集会が、三月一日に予定されていた。告示は、クロンシュタット市公報に掲載された。演説者の中には、全露ソヴィエト執行委員会議長カリーニンとバルチック艦隊政治委員クズミンとが含まれることになっていた。カリーニンが到着した時、彼は軍楽隊と旗の波に迎えられた。軍隊による栄誉礼のすべてが彼に与えられた。

一万六〇〇〇人がその集会に出席した。地区ソヴィエト議長、党員ヴァシーリエフが議長をつとめた。すでにこれに先立ってペトログラードを訪問してきた代表団が、その報告を行なった。戦艦「ペトロパヴロフスク」乗組員によって二月二八日に採択された決議が、配布された。カリーニンとクズミンは、その決議に反対し、「クロンシュタットがロシア全体を代表しているわけではない」と声明した。

それにもかかわらず、この大衆集会は、ペトロパヴロフスク決議を採択したのである。事実、二人の人間がそれに反対投票をしただけであった――カリーニンとクズミンの！

大衆集会は、現場の状況を調査するために三〇名の労働者から成る代表団を、ペトログラードに派遣することを決定した。集会は、また、水兵たちが真に何を考えているか知ってもらうために、ペトログラードからの代表団を、クロンシュタットへ招待することをも決議した。さらに、地区ソヴィエトを新たに選出する手続きを決めるための大衆集会が、艦隊乗組員、赤軍グループ、国家諸機関、海軍工廠および工場それに労働組合からの代議員を結集して、次の日に計画された。集会の終わりに、カリーニンを、安全にペトログラードに帰還させることが承認された。

翌三月二日、文化会館において、代議員大会が開催された。公式の『クロンシュタット・イズヴェスチヤ』〔四〇頁注参照〕によれば、代議員の任命は、公正に行なわれた。代議員たちのすべてが、選挙は誠実かつ正確な方法で実施されるべきであると主張した。クズミンとヴァシーリエフが最初に演説した。クズミンは、党がたたかうことなく権力を譲渡することは決してありえない、と述べた。彼らの演説が、あまりにも攻撃的かつ挑発的であったので、大会は彼らに会場からの退去を命令したうえで、彼らを逮捕した。しかしながら、他の党員については、討議のあいだ中、十分に演説することが認められていた。

この代議員大会は、圧倒的大多数をもって、ペトロパヴロフスク決議を受けいれた。その後、大会は、新たなソヴィエトの選出という問題を細部にわたって検討する作業にとりかかったのである。この選挙は、「ソヴィエト体制の平和的な再建を準備する」はずのものであった。この作業は、集会場に拡まった、党が武力を用いて大会を解散させようとしているといった意味の噂によって、絶えず中断させられた。状況は極度に緊張の度を加えていった。

臨時革命委員会

国家権力の代表者——クズミンおよびヴァシーリエフ——による威嚇的な演説とそれに続く恐るべき報復に備えて、大会は臨時革命委員会の形成を決定し、これに市と要塞の行政権を委任した。この委員会はその最初の会合を戦艦「ペトロパヴロフスク」——そこにはクズミンとヴァシーリエフが拘留されていた——上で開いた。

代議員大会の指導的人物のすべてが、臨時革命委員会委員となった。彼らは以下の人びとであった——

ペトリチェンコ　戦艦「ペトロパヴロフスク」の操舵係将校。
ヤコヴェンコ　クロンシュタット局の電話連絡手。
オッソソーフ　戦艦「セバストポリ」の機関兵。
アルヒポフ　技師長。
ペレペルキン　戦艦「セバストポリ」の電気技術兵。
パトローチェフ　戦艦「ペトロパヴロフスク」の主任電気技術兵。
クーポロフ　主任看護兵。

ヴェルチーニン　戦艦「セバストポリ」の水兵。
トゥーキン　「電気工芸《エレクトロテクニカル》」工場労働者。
ロマネンコ　ドック修理維持工。
オレーチン　第三労働学校校長。
ヴァルク　製材工。
パヴロフ　海軍機雷敷設工場労働者。
ボイコフ　クロンシュタット要塞の建設部長。
キルガスト　港湾水先案内人。

臨時革命委員会委員の大多数は、長いあいだ兵役についていた水兵たちであった。このことは、叛乱の指導を、つい最近海軍に入隊した一九一七―一九一九年の英雄的水兵たちとは何らの共通性を有しない分子の手に帰そうと企てるクロンシュタット事件についての《公式》見解を否定するものである。臨時革命委員会の最初の宣言は、こう述べていた。

「われわれは、流血の事態を避けたいと願っている。われわれの目ざすところは、市と要塞との協同の努力を通じて、正常かつ公正な、新たなソヴィエトの選挙のための正しい諸条件を創り出すことである。」

その日遅くなって、臨時革命委員会の指揮の下にクロンシュタットの住民は、市の戦略的要所をすべて占領し、国営施設、参謀本部それに電信電話局を接収した。すべての軍艦と連隊では、委員会が選出された。午後九時近くには、堡塁および赤軍諸部隊のほとんどが、合流した。オラニエンバウムから派遣されてきた代表団もまた、臨時革命委員会にたいするその支持を宣言した。その同じ日に、『イズヴェスチヤ』の印刷所が占領された。

翌三月三日朝、クロンシュタットは『臨時革命委員会イズヴェスチヤ』(原註)〔以下、『クロンシュタット・イズヴェスチヤ』〕の第一号を発行した。それにはこう記されていた。

(原註)この短命に終わった新聞の全巻は、『クロンシュタットについての真実《プラウダ》』(プラハ、一九二一年刊)という本の付録としてリプリントされた。

「国家の主人公である共産党は、自らを人民大衆から切り離してきた。党は、この混乱状態から国を救い出す能力がないことを明らかにしている。ペトログラードやモスクワにおいては、党が労働者大衆の信頼を喪失してしまったことを明白に示す無数の事件が、最近続発している。党は、労働者大衆の要求が反革命的活動の結果であると信じているがゆえに、これらの諸要求を無視し続けている。この点で党は、深刻な誤謬を犯しているのである。」

ボリシェヴィキの中傷

モスクワ放送は、その間に、以下のように放送しつづけていた。

「白衛軍の陰謀にたいして闘争せよ。他の白衛軍の叛乱とまったく同様に、前将軍コズロフスキーおよび戦艦「ペトロパヴロフスク」乗組員の謀反は、協商国〔第一次大戦時の英仏露など〕スパイによって組織されてきたものである。このことは、コズロフスキー将軍の叛乱の二週間前に、ヘルシングフォルスから送られた『われわれは、最近のクロンシュタット叛乱の結果、ボリシェヴィキ軍当局が、クロンシュタットを孤立させ、クロンシュタットからの兵士、水兵がペトログラードへ入ってくるのを阻止するために、あらゆる措置を講じたという報告をペトログラードから受けとっている』というような記事をフランスの『ル・モンド』紙が発表したという事実からみて、明白である。

それゆえ、クロンシュタット叛乱が、パリから指導されていることは明らかである。フランスの反革命スパイどもは、事件の全体にわたって関係しているのだ。歴史は繰り返される。パリに総司令部を設けている社会革命党は、ソヴィエト権力にたいする叛乱の土台を準備しつつある。土台は完成され、彼らの真の主人、帝制派将軍《ツァーリスト》が姿を現わした。社会革命党に続いて権力の座に坐ったコルチャックの歴史が、繰り返されているのだ。」(スタンツィア・モスクヴァ放送、ヴェストニク・ロスタ・モスクヴァ放送、一九二一年三月一日)

敵対する両陣営は、事実を異なったふうに観察していた。その観点は両極端であった。スタンツィア・モスクヴァ放送によって発せられた呼びかけは、明らかに政治局《ポリトビューロー》の最高指導者からのものであった。それはレーニンの許可を得ており、彼は、クロンシュタットで生起しつつあることを熟知していたはずであった。かりに、レーニンが情報をジノヴィエフ――レーニンはジノヴィエフが臆病で恐慌状態に陥りやすいことを知っていた――に依存せねばならなかったと仮定してさえも、彼が事態の真相を誤解したなどと信じることは困難である。三月二日、クロンシュタットは、彼に会見するために公式の代表団を送っていた。真の状況を確かめるためには、その代表団を喚問すれば、十分だったであろう。

レーニン、トロツキーそれに党指導部のすべての者は、これがたんなる「将軍たちの叛乱」ではないことを知りぬいていた。それでは何故、謀反の指導者コズロフスキー将軍なる伝説を作りあげたのであろうか? その答えは、時としてあまりに盲目的になり、虚言が便利なものでありうると同時に邪悪なものとなりうるということを見わけることのできない、ボリシェヴィキの見通しの中に求められよう。コズロフスキー将軍の伝説は、新たな他の伝説――一九二八年―二九年にトロツキーと共謀したといわれたウランゲリ軍将校といった類いの――への途を開いた。事実、それは、スターリン時代を覆う巨大な虚偽の世界への途を開いたのであった。

ところで、国営放送によって叛乱の指導者として非難されている、このコズロフスキー将軍とはいったい何者だったのか？　彼は砲兵出身の将軍であり、ボリシェヴィキに最初に帰順したものの一人であった。彼は、指揮官としてのいかなる能力をも欠いている、と思われていた。叛乱時、彼はたまたまクロンシュタットにおいて、砲兵隊の指揮をとっていたのである。要塞の共産党員司令官は、逃亡してしまっていた。要塞において慣例となっている規則に従えば、コズロフスキーは、その司令官にとって代わらねばならなかった。ところが実際には彼は、要塞が臨時革命委員会の管轄下にある現在では、旧規則はもはや適用されないと主張して、これを拒否したのである。コズロフスキーは、間違いなくクロンシュタットに留まった、が、それはたんに砲術専門家としてであった。そのうえクロンシュタットの陥落後、フィンランドの新聞にたいするインタヴューの中で、コズロフスキーは、水兵たちが貴重な時間を要塞の防衛によりも討論に費してしまったことを非難した。彼はこのことを、水兵たちの流血に訴えることへの躊躇という点から説明していた。のちに、他の将校連もまた、水兵の軍事的無能力とその技術的助言者にたいする信頼のまったき欠如とを非難することになる。コズロフスキーは、クロンシュタットにいたたった一人の将軍であり、政府が彼の名前を利用するのには、そのことだけで十分だったのである。

クロンシュタットの人びとは、当時要塞にいた将校たちの軍事的知識をある点までは、たしかに利用しはした。こうした将校たちのうち、幾人かは、ボリシェヴィキにたいする純粋な憎悪心から助言を与えたのかもしれない。しかしながら、政府軍もまた、そのクロンシュタット攻撃に際して、旧帝政派将校たちを用いていたのである。一方の陣営には、コズロフスキー、サロミャーノフ、アルカニーコフがおり、他方には、トゥハチェフスキー、カーメネフ、それにアヴローフといった旧帝政派将校や旧体制の専門家がいたのである。どちらの陣営においても、こうした将校たちは独立した勢力とはなっていなかった。

一般党員にたいする影響

三月二日、その革命的経歴のゆえに自らに与えられた、権利、義務それに道義的権威を自覚しているクロンシュタットの水兵たちは、より良い方向へソヴィエトを向けていく企てに着手した。彼らは、単一の党の独裁を通じて、自分たちがどれほど歪められた存在となってしまったかを理解していたのである。

三月七日、中央政府はクロンシュタットにたいする猛烈な軍事的攻撃を開始した。

この二つの日付のあいだに、いったい何が起こったのか?

クロンシュタットでは、大衆集会における投票で新たに選出された五名の委員によって増強された臨時革命委員会が、市と要塞の双方において社会生活の再組織化にとりかかっていた。臨時革命委員会は、市内の防衛を確保するためにクロンシュタットの労働者の武装を決定し、また、三日以内に、主要な労組委員会および労組代表者会議——臨時革命委員会は、こうした機関に相当な権限を付与しようとしていた——の強制的再選挙を行なう旨、布告したのである。

共産党の一般党員たちは、党からの集団脱党をもって彼らの臨時革命委員会にたいする信頼を明らかにしつつあった。彼らの多くは臨時党委員会を結成して、次のようなアピールを発した――

「血に飢えた挑発者どもによってばらまかれている、主要な党の同志たちが銃殺されているといったような馬鹿げた噂や、あるいは、党がクロンシュタットへの攻撃を準備しているといった類いの噂を信じないで欲しい。これは、ソヴィエト権力を転覆しようと狙っている協商国の手先どもが拡めたまったくの嘘である。

臨時党委員会は、クロンシュタット・ソヴィエトの再選挙を絶対に不可欠なものであると考える。委員会は、そのすべての支持者にたいして、これらの選挙に参加するよう呼びかける。

臨時党委員会は、そのすべての支持者にたいして、自らの部署に留まり、臨時革命委員会によって講じられる措置を妨害しないように要請する。

ソヴィエト権力万歳！

国際的労働者階級の団結万歳！

署名（クロンシュタット臨時党委員会を代表して）

イリン（前食糧供給委員《コミサール》）

ペルヴォーチン（前地方執行委員会議長）

カバノフ（前地区労働組合委員部長）」

スターリニスト公認歴史家プーホフは、このアピールにふれて、「それは、反逆行為であり、明らかに反革命的役割を果たしつつある叛乱の指導者どもとの協調をめざす、日和見主義的歩みよりとしか考えられない」と断言している。(原註)プーホフは、この文書が一般党員にたいして「一定の影響」を与えたことは認めている。彼によれば、この時に、クロンシュタットの党員のうち七八〇名が離党したのである！

(原註) プーホフ『一九二一年のクロンシュタット叛乱』叢書「内戦期」九五頁、「若き親衛隊」版、一九三一年、国立出版所、モスクワ。

そうした党を棄てた人びとの何人かは、自己のとった行動の動機を明らかにした手紙を、『クロンシュタット・イズヴェスチヤ』に寄せた。教師デニソフは、こう書いていた。

「私は、砲火がクロンシュタットへ向けられた瞬間から、自分をもはや党員とはみなさないことを、臨時革命委員会に公然と表明するものである。私はクロンシュタットの労働者によって発せられた呼びかけを支持する。全権力を、党へではなく、ソヴィエトへ！」

軍規取締り特別部隊に任命されていた兵士グループもまた、宣言を発した。

「われわれ、以下に署名した者は、党が労働者大衆の願望を表現してくれるものと信じて入党した。しかるに党は、自らが労働者、農民の死刑執行人であることを示したのである。このことは、ペトログラードにおける最近の諸事件からまったく明らかに暴露されている。こうした諸事件は、党指導者たちの本性をあらわにしてくれた。最近のモスクワからの放送は、権力を保持するためにはいかなる手段にも訴える用意が、党指導者たちにできていることを明瞭に示している。

われわれは、今後、われわれをもはや党員とみなさないでほしい、と要請する。われわれは、三月二日のクロンシュタット守備隊決議で発せられた呼びかけの下に馳せ参じる。われわれは、自らの誤りに気付いた他の同志諸君に、公然と真実を認めるようすすめる。

署名　グトマン、イェフィモフ、グドリアツェフ、アンドレーエフ」

（臨時革命委員会『クロンシュタット・イズヴェスチヤ』、一九二一年三月七日付）

リフ堡塁の共産党員は、以下のような決議を発表した。

「過去三年間に、多数の貪欲な出世主義者どもが、われわれの党内に群がり集まってしまった。このことが官僚主義を生み出し、また経済再建のためのたたかいを著しく妨害したのである。

われわれの党は、プロレタリアートおよび労働者大衆の敵にたいする闘争、という問題につねに立ち向かってきた。われわれは、労働者階級によって勝ちとられたわれわれの諸権利の防衛を、将来にわたっても継続する決意であることを公然と宣言する。われわれは、ソヴィエト共和国が直面しているこの困難な状況を白衛軍が利用することを、断じて許さないであろう。ソヴィエト共和国に反して向けられるその第一撃にたいしても、われわれは、いかに報復すればよいかを知っているのだ。

われわれは、プロレタリア的労働者的大衆を真に代表するソヴィエトの設立を目的としている臨時革命委員会の権威を、完全に受け入れる。

労働者階級の諸権利の真の防衛者たるソヴィエト権力万歳！

署名　リフ保塁共産党員集会議長および書記」

（臨時革命委員会『クロンシュタット・イズヴェスチヤ』、一九二一年三月七日付）

こうした声明は、当時クロンシュタットを支配していたといわれる、党員に向けられたテロル体制によって、党員たちから強制的に引き出されたものであったのか？　こうしたことについては、わずかな証拠のかけらすらも提出されなかった。叛乱の全期間を通じて、**投獄されていた共産党員のただの一人も銃殺されはしなかったのだ**。しかも、囚人の中には、クズミンやバティスのように艦隊で責任ある地位にあった人びとがいたという事実にもかかわらず、そうだったのである。共産党員の大多数は、実際、完全に自由の身のままであった。

三月七日付『クロンシュタット・イズヴェスチヤ』の中で、「われわれは復讐をもとめてはいない」という見出しの、以下のような記事をわれわれは読むことができる。

「党独裁が長いあいだにわたって労働者を屈服させてきた抑圧体制は、大衆のあいだに当然の憤激を巻き起こしてきた。ある所では、それが、党員の身内にたいする排斥や掠奪にまでいたってしまった。こうしたことは、決して起こってはならない。われわれは、復讐をもとめているのではないのだ。われわれは、ただ、労働者としてのわれわれの利益を護っているだけである。注意深く行動せねばならない。われわれは、ただ、サボタージュする輩、虚偽に満ちた煽動を行なって、労働者階級の権力と権利についての主張を妨害しようとする輩にたいしてのみ、闘争せねばならないのだ。」

しかしながら、ペトログラードでは、むしろ趣きを異にした、ヒューマニスティックな感情が、広く行きわたっていた。クズミンとヴァシーリエフの逮捕が報ぜられるとただちに、防衛委員会は、ペトログラードに居住していることが判明している全クロンシュタット水兵の家族の逮捕を命令した。政府の飛行機が、次のようなビラをクロンシュタットに撒いた。

「防衛委員会は、クロンシュタットの叛乱者の手で逮捕された共産党員同志たちの安全にたいする人質として、水兵の家族が逮捕、投獄されたことを通告する。われわれは、とくに艦隊政治委員クズミンおよびクロンシュタット・ソヴィエト議長ヴァシーリエフの安全を問題にしている。彼らに髪の毛一本でも触れるならば、これらの人質は、その生命で償うことになろう。」（臨時革命委員会『クロンシュタット・イズヴェスチヤ』、一九二一年三月五日付）

臨時革命委員会は、以下のような放送をもって回答した――

「クロンシュタット守備隊の名においてクロンシュタット臨時革命委員会は、ペトログラード・ソヴィエトの手で人質として拘留されている労働者、水兵、赤軍兵士の家族を、二四時間以内に釈放するよう断固として主張する。

クロンシュタット守備隊は諸君に、クロンシュタット市においては党員は完全に自由の身であり、その家族も無条件に危難を免れている、ということを保証する。われわれは、ペトログラード・ソヴィエトの例に倣うことを拒否する。われわれはそうしたやり口を、たとえ残忍な憎悪心から行なわれた場合ですらも、まったく恥ずべき、堕落しきったものとみなすのである。

署名　臨時革命委員会議長　水兵ペトリチェンコ

書記　キルガスト」

党員が虐殺されているといった類いの噂を論駁するために、臨時革命委員会は、投獄されている共産党員たちの事情を調査する特別委員会を設置した。三月四日付の『クロンシュタット・イズヴェスチヤ』は、この委員会には共産党員も加えられるであろう、と報じていた。二日後に、クロンシュタットにたいする砲撃が開始されたので、この機関が活動を開始できたのかどうかすらも疑問のままである。だが、臨時革命委員会は、間違いなく党代表団を受け入れていた。委員会は、代表団が「ペトロパヴロフスク」上の囚人たちを訪問する許可を与えた。囚人たちは、自分たちの会合をもったり、壁新聞を編集したりすることすら、許可されていたのである。（サイコフスキー、『クロンシュタット、一九一七年―一九二一年』）

クロンシュタットでは、テロルは行なわれなかった。きわめて困難かつ悲劇的な状況の下にありながらも、《叛乱者》たちは、労働者民主主義の基本的諸原則を適用すべくその最善を尽くしたのであった。もし、多くの一般党員が臨時革命委員会を支持することを決心したとすれば、それは、この機関が労働者人民の願いと渇望とを表現していたからに他ならない。振り返ってみると、クロンシュタットのこうした民主主義的な自己主張は、驚異すべきものとうつるかもしれない。それは確かに、ペトログラードやモスクワの党指導者たちのあいだに行きわたっていた精神状態や行動と、きわだった対照をなしていた。彼らは、盲目のうえ聾であり、クロンシュタットそれに全ロシアの労働者大衆が真に何を求めているのか、皆目、理解することができなかったのである。

悲惨な結末は、こうした悲劇的な日々においても、未だ回避することができたはずであった。それではなぜ、ペトログラード防衛委員会は、あのような罵詈雑言を用いたのであろうか？客観的に観察する者が到達する唯一の結論は、それが流血の事態を挑発するという考えぬかれた意図によってなされたものであり、そのことによって、中央権力に絶対的に服従する必要性を「すべての者に教訓として教えこむ」ためのものであった、ということである。

脅迫と買収

三月五日、ペトログラード防衛委員会は叛乱者へ呼びかけた。

「諸君は彼らが、ペトログラードは諸君とともにあり、またウクライナも諸君を支援していると語るとき、お伽噺を聞かされているのだ。こうしたことは、見当ちがいの嘘である。諸君がコズロフスキーなどという将軍連に指導されているのを知った時、ペトログラードでは、最後の水兵まで諸君を見捨てたのだ。シベリアとウクライナは、ソヴィエト権力を支持している。赤きペトログラードは、ひと握りの白衛軍や社会革命党員のみじめな努力を、あざ笑っている。諸君は、完璧に包囲されているのだ。もう数時間たてば、その時諸君は、降服を余儀なくされるであろう。クロンシュタットには、パンも燃料もないのだ。諸君があくまで自己主張するなら、われわれは諸君を山うずらのように射ち殺すであろう。

最後の瞬間には、コズロフスキー、ボークサー輩の将軍連、ペトリチェンコ、トゥーキン輩のすべての屑どもは、フィンランドへ、白衛軍へと逃亡するであろう。しからば、一般兵士・水兵諸君、諸君はその時になってどこへ行くつもりなのか？　彼らが諸君にフィンランドで面倒をみてやると約束するとき、それを信じてはいけない。ウランゲリの追随者たちに何が起こったかを、諸君は耳にしたことはないのか？　彼らは、コンスタンチノープルへ送られ、そこで何千人となく、飢えと疫病のためハエのように死亡しているのだ。これが、諸君がただちに起ちあがらない限り諸君を待ちうけている運命なのである。ただちに降服せよ！　寸刻をおしめ。諸君の武器を集めて、われわれの下へ来たまえ。諸君の犯罪的な指導者たち、ことに、帝政派将軍を武装解除し逮捕せよ。降服するものは誰でも、ただちに恩赦を受けるであろう。即刻、降服せよ。

署名　防衛委員会」

こうしたペトログラードからの脅迫にたいする返答として、臨時革命委員会は、最後のアピールを発した。

「すべての諸君、すべての諸君、すべての諸君。同志、労働者、赤軍兵士ならびに水兵諸君！　ここクロンシュタットのわれわれは、諸君や諸君の妻子が、党の鉄の軛の下でどれほど苦しんでいるかをきわめて良く理解している。われわれは、党に支配されていたソヴィエトを打倒した。臨時革命委員会は、本日、新たなソヴィエトの選挙にとりかかっている。新たなソヴィエトは、自由に選出された、ひと握りの党員の意志にすぎないものでなく全労働者人民ならびに守備隊の意志を反映させるものとなるであろう。

われわれの運動は正しい。われわれは、党の権力のためにではなく、ソヴィエト権力のためにたたかう。われわれは、自由に選出された、労苦する大衆の代表のためにたたかう。党に支配された、片輪のソヴィエトは、われわれの嘆願に耳をふさぎつづけてきた。われわれの抗議は、弾丸をもって応えられてきたのだ。

労働者の忍耐力は、その極点にまで達している。そこで今や彼らは、諸君をパン屑でなだめようと企てているのだ。ジノヴィエフの命令によって、民兵による封鎖は撤廃された。モスクワは、食料品および緊急に必要とされる他の品物を外国から購入するために、一千万金貨ルーブリを割りあてた。だが、われわれは、ペトログラード・プロレタリアートが、こうしたやり方では、決して買収されはしないことを知っている。党の頭上をとび越えて、われわれは、革命的クロンシュタットの友情に満ちた手を諸君に差しのべる。

同志たち、諸君は欺かれているのだ。しかも、真実は、もっとも卑劣な中傷誹謗によって歪曲されている。

同志たち、惑わされるのを自ら認めてはいけない。

クロンシュタットでは、権力は水兵、赤軍兵士、そして革命的労働者の手に握られている。それは、モスクワ放送が嘘八百をならべて言い張っているように、コズロフスキー将軍の率いる白衛軍の手にあるのではないのだ。

署名　臨時革命委員会」

叛乱が勃発した時に、モスクワとペトログラードには外国の共産主義者たちが滞在していた。彼らは、党の指導的グループと緊密な接触を持っていた。彼らは、政府があわてて外国から物資を購入した（ロシアにおいては、つねにぜいたく品であったチョコレートすらも購入されていた）ということを確認している。モスクワとペトログラードは、突然、その戦術を転換したのだ。政府は、クロンシュタットの人びとよりも心理戦争にたけていた。政府は、飢えた人民にたいして白パンがもつ妖しげな魅力を熟知していたのである。クロンシュタットが、パン屑はペトログラード・プロレタリアートを買収できない、と主張したのは、むなしいことであった。こうした政府のやり口は、ことにストライキ参加者たちに向けられた苛酷な弾圧と結びつけられた時、疑いもなくその効果を発揮したのである。

ペトログラードの支持

ペトログラード・プロレタリアートの一部は、クロンシュタット事件の最中にもストライキを続行していた。党公認歴史家プーホフ自身もこのことを認めている。労働者は、囚人たちの釈放を要求していた。若干の工場では、臨時革命委員会の『クロンシュタット・イズヴェスチヤ』の写しが壁に貼られているのが、散見された。一台のトラックが、クロンシュタットからのビラを撒きながら街頭を走ってさえいた。いくつかの企業（例えば第二六国営印刷工場）では、労働者が、クロンシュタット水兵を非難する決議の採択を拒否した。「兵器《アーシナル》」工場では、労働者が、三月七日（クロンシュタットにたいする砲撃が開始された日）に、大衆集会を組織した。この集会は、叛乱水兵たちの決議を採択したのである！　さらに同集会は、工場から工場へとゼネラル・ストライキを煽動してまわるための委員会を選出した。

ストライキは、プチロフ、バルチスキー、オブホフ、ニェフスカイヤ・マヌファクチュラといった、ペトログラードにおける最大規模の工場で続行されつつあった。当局は、ストライキに参加している労働者たちを解雇し、工場を地区トロイカ（三人委員会）の権限下に移し、そしてそこでは、労働者の選抜再雇用が行なわれていたのである。ストライキ参加者にたいしては、その他の弾圧的諸手段もまたとられていた。

ストライキは、モスクワ、ニジニ・ノヴゴロドその他の都市でもまた、開始されつつあった。だが、こうした諸都市においても、食料品の敏速な給付とくみ合わされた、帝政派将軍どもがクロンシュタットの指揮をとっているといった中傷誹謗が、労働者たちのあいだに疑惑の種をまくことに成功したのであった。

ボリシェヴィキの目的は達成された。ペトログラードおよび他の工場都市のプロレタリアートは、混乱状態に陥っていた。全ロシア労働者階級の支援を希求してきたクロンシュタット水兵たちは、いかなる代償を支払っても彼らを殲滅するという政府の固い決意に直面して、孤立無援のままであった。

最初の前哨戦

三月六日、トロツキーは、クロンシュタット守備隊にたいして、ラジオを通じてアピールを発した。

「労農政府は、クロンシュタットおよび叛乱戦艦の双方にたいする自らの権威を躊躇することなく再主張し、彼らをソヴィエト共和国の支配下におくべく決意した。それゆえ、私は、社会主義の祖国へ向かって拳をふりあげたすべての者が、ただちにその武器を捨てるよう命令する。抵抗する者は武装解除され、ソヴィエト当局の裁量下に置かれるであろう。逮捕されている政治委員《コミサール》および他の政府代表は、ただちに釈放されねばならない。無条件に降服する者だけが、ソヴィエト共和国の慈悲をあてにできるであろう。私は、他方、武力をもって叛乱および叛乱者を粉砕すべく全準備を整えよ、との命令を発している。地域一般住民へ降りかかるであろう惨事にたいしては、白衛軍叛徒が平等にその責任を負わねばならない。

署名　ソヴィエト共和国革命軍事委員会

議長　トロツキー

司令官《ゴラウコム》　カーメネフ（原註）」

（原註）このカーメネフは、当時ソヴィエト政府に協力していた、旧帝政軍将校である。彼は、一九三六年にスターリニストの手で銃殺されたカーメネフとは別人である。

三月八日、飛行機が一機、クロンシュタットへ飛来して、爆弾を投下した。続く数日、政府軍砲兵隊は要塞および近隣の堡塁を砲撃し続けた、が、頑強な抵抗にあっていた。飛行機による爆弾投下は、一般住民のあいだに非常な憤激の念をまき起こしたので、彼らは、撃ち返しはじめた。臨時革命委員会は、防衛者たちにその弾薬を浪費しないよう命令しなければならないほどであった。

一九二一年までに、クロンシュタット守備隊は著しく縮少されていた。防衛軍参謀本部によって発表された数字では、三〇〇〇名とされていた。周辺を防御している歩兵と歩兵との散開間隔には、少なくとも三二フィートにわたる広がりがあった。弾薬と砲弾のたくわえも制限されていた。

三月三日の午後、臨時革命委員会は、若干の軍事専門家たちとの合同会議を開いた。要塞の防衛計画を練りあげるための軍事防衛委員会が設置された。だが、軍事的助言者たちが、オラニエンバウム方面（そこのスパスサテリナイヤには食糧貯蔵庫があった）への攻撃を提案した時、臨時革命委員会はそれを拒否した。臨時革命委員会は、勝利への確信を、水兵たちの軍事的能力におくよりも、プロレタリア的ロシア全体の精神的支援においていたのである。第一弾が発射されるまで、クロンシュタットの人びとは、政府が自分たちを軍事的に攻撃するなどと信じることを拒んでいた。まぎれもなく、このゆえにこそ、臨時革命委員会は、要塞足下に拡がる氷を割って接近する赤軍にたいして、対抗策をとらなかったのである。ほぼ同様の理由から、攻撃の予測される方向に沿って、強化された阻止線を設けることもなされなかった。

クロンシュタットは正しかった。軍事的には、彼らには勝ちめがなかったのである。せいぜいよくても、彼らは二週間持ちこたえることがやっとであったろう。このことは重要なことだったかもしれない、というのは、氷が一たん融けるや、クロンシュタットは自力防衛の可能な真の要塞へと変貌しえたからである。だが、われわれは彼らの人的資源が、赤軍が戦闘に投入できる人数に比べて、きわめて僅少であったことを忘れてはならない。

赤軍における士気沮喪

当時の赤軍内における士気はいかなる状態であったのか？『クラースナヤ・ガゼータ』のインタヴューで、ドィベンコ（原註）は、クロンシュタット攻撃に参加している全部隊が再編制され直されねばならなかった事情について述べている。このことは、絶対的に必要なことであったのだ。軍事作戦の当初、赤軍は、水兵たち――当時「ブラーチキイ」（小さな兄弟たち）として親まれていた――とたたかいたくないという態度を示した。先進的労働者のあいだでは、クロンシュタット水兵は、革命にもっとも献身的な人びとであるとして知られていたのだ。それになんといっても、クロンシュタットを叛乱へと駆りたてた要因そのものが、赤軍の隊列の中にも存在していたのである。どちらも空腹と寒さに苦しめられ、みすぼらしい衣服と靴しか与えられていなかった。そしてこのことは、ロシアの厳冬の中では、ことに彼らに要求されていることが氷と雪の上での行軍と戦闘であった場合には、相当な苦痛だったのである。

（原註）オールド・ボリシェヴィキ。一九一七年七月にツェントロバルト（バルチック艦隊中央水兵委員会）議長となる。一〇月革命後、第一次人民委員会議メンバー。アントノフ・オフセイエンコ、クルィレンコと共に陸海軍人民委員部付であった。

赤軍のクロンシュタット攻撃が開始された三月八日の夜半には、猛烈な吹雪がバルチック海に吹き荒れていた。濃霧が道をもほとんど見えなくしていた。赤軍兵士たちは、雪の中にうまく身をかくせるように、白い長い上着をつけていた。次に掲げるのは、プーホフが、その公式コミュニケの中で歩兵第五六一連隊の士気にかんしてどう述べているかを示したものである。(原註)この連隊は、オラニエンバウム方面からクロンシュタットへ接近しつつあった。

(原註) 前掲書。

「作戦開始時に、第二大隊が進撃を拒否した。大へんな苦労をかさねたあげく、共産党員の存在に助けられて、同大隊は氷上を出撃するよう説得された。最初の南部砲台へ到達するや否や、この第二大隊の一中隊は、降服してしまった。将校たちは自分たちだけで引き返さねばならなかったのである。連隊は停止した。夜は明けはじめていた。われわれは、第一南部砲台および第二南部砲台へ向けて進撃していた第三大隊について何のニュースも得ていなかった。この大隊は縦隊で行軍していて、堡塁からの砲撃を受けた。大隊はそこで展開し、赤旗が振られているミリューーチン堡塁の左側へ方向を転じた。さらに少し前進したところで大隊は、叛徒が堡塁上に機関銃をすえつけて、自分たちに降服か皆殺しかの選択をせまっているることに気づいたのである。大隊政治委員と、背を向けて逃げ出した三~四名の兵士をのぞく全員が、降服した。」

三月八日、北部戦線付政治委員オグラノフは、ペトログラード党委員会宛に書いている。

「私は貴方がたに、北部戦線における事態にかんしてはっきり説明することを、私の革命的義務と考えます。堡塁にたいする第二次攻撃に軍をさし向けることは、不可能です。私はすでに、同志ラシェヴィチ、同志アヴローフそれに同志トロツキーには、クルサントゥイ（戦闘にもっとも適していると考えられた士官学校生徒）の士気について話しました。私は、以下のような諸傾向を報告せねばなりません。兵士たちは、クロンシュタットの要求を知りたがっています。彼らは、クロンシュタットへ代表を送ることを希望しています。この戦線の多くの政治委員たちは、まったくその資格を有していません。」

軍隊の士気は、第二七オムスク師団第七九旅団の事例でもまた、明らかに示されていた。この師団は三つの連隊から構成されており、コルチャックとの闘争でその戦闘能力を発揮したのであった。三月一二日、この師団はクロンシュタット戦線へ配備された。オルチェン連隊はクロンシュタットとたたかうことを拒否した。その翌日、同師団の他の二つの連隊では、兵士たちが即座にいかなる態度をとるべきかを討論するため集会を開いた。この二つの連隊は、強制的に武装解除され、《革命》法廷で重刑を言い渡されることとなった。

数多くの同様な事例が存在した。兵士たちは、その階級的兄弟たちとたたかうことを嫌っていただけでなく、三月という月に氷上で戦闘する準備もしてなかったのである。部隊は、三月なかばまでにはすでに氷の融けてしまっているような、よその諸地方から配備されてきていた。彼らは、バルチック海の氷の堅さを、ほとんど信頼していなかった。第一次の突撃に参加した者は、クロッシュタットからの砲弾が氷の表面に無数の穴をあけ、その中に不運な政府軍部隊が呑み込まれていったのを目の当たりにしていた。こうした光景は、なんとしても士気を鼓吹するようなものではなかった。こうしたすべての事柄が、クロンシュタットにたいする第一次突撃の失敗を助長したのである。

赤軍の再編制

クロンシュタットにたいする総攻撃に参加させられることになっていた諸連隊は、徹底的に再編制された。クロンシュタットにたいするいささかでも示した兵士のグループは、武装解除され、他の部隊へ移された。幾人かは、革命法廷で厳罰に処せられた。党員たちが動員され、宣伝を行ない、信頼のおけない分子について報告を送るため各大隊へ配置された。砲弾がクロンシュタットの氷上を飛びかっている三月八日から一五日にかけて、第一〇回党大会がモスクワで開催された。党大会は、ヴォロシーロフ、ブブノフ、ザトウスキー、ルヒモヴィチ、ピヤタコフを含む三〇〇人の代表団を前線へ派遣した。この《代表団》は《政治委員》に任命され、チェーカーの軍事部もしくは《脱走取締特別委員会》へ所属することとなっていた。戦列に加わってたたかったただけの者もいた。

革命法廷は、四六時中フルに活動していた。プーホフは、いかに「法廷がすべての不健全な傾向に鋭く反応し、もめごとの張本人や挑発者どもが、その罪状に従って罰せられた」かを述べている。判決は、ただちに兵士たちへ知らされ、ときとしては、新聞にすら掲載されたのであった。

こうしたあらゆる宣伝、再編制、弾圧にもかかわらず、兵士たちは疑問を抱き続けていた。三月一四日になってもさらに不服従行動がみられた。三月八日に再編されたばかりの第五六一連隊が進撃するのを依然として拒否したのである。「われわれは同じ《スタニッツァス》(原註)出のわれわれの兄弟たちとはたたかわない」と彼らは宣言していた。

(原註) コサックの村落。同じようにコサックとウクライナ人より編制されていた第五六〇連隊がクロンシュタット側についてたたかっていた。

赤軍兵士の小グループは叛乱者側へ投降し、彼らの側に立ってたたかいはじめた。目撃者たちは、叛乱軍の火線にたどりつきさえしない前に、何故いくつかの部隊がその兵士の半数を失うことになったか、を証言している。彼らは、「叛徒に降服せぬように」背後から機関銃で掃射されていたのである。

公式の資料は、『クロンシュタット・イズヴェスチヤ』の各号が、いかに赤軍のあいだで大きな関心をもって読まれていたかを述べている。クロンシュタットの叛乱者によって散布されたビラも同様であった。そうしたものが兵舎に入りこむのを阻止するための特別政治委員会が設置された、が、これは期待とはまったく正反対の結果しかもたらさなかったのである。

全国の党組織が動員された。後方の諸部隊における集中的宣伝活動が行なわれた。政府が利用できる人的・物的資源は、クロンシュタットのそれよりもはるかに巨大であった。列車は連日、新たな部隊をペトログラードへ運びこんでいた。多くは、キルギスやバシキール・ランドから派遣された（ということは、「クロンシュタットの気分」からできるかぎりかけ離れた兵士によって構成されている）部隊であった。クロンシュタットの防衛者たちについていえば、彼らの戦力が（戦闘でこうむった損失を通じて）数的に減少しつつあったばかりではなく、彼ら自身も次第に疲労し消耗しつつあった。そまつな服に半ば飢えたまま、クロンシュタットの叛乱者たちは、ほとんど交代もなしにほぼ一週間以上も銃をとり続けていた。最後には多くの者が、立ちあがることさえもおぼつかなかったのである。

総攻撃

こうした事実を知りぬき、また、編制、補給、士気向上にかんしてすべての必要な措置をとった後で、第七軍司令官トゥハチェフスキーは、三月一五日、その有名な命令を発した。彼は、三月一六日夜から一七日にかけての一斉総攻撃によってクロンシュタットを占領すべし、と命令したのである。第七軍の全連隊が、手榴弾、白い上着、有刺鉄線切断用の剪断機、それに機関銃運搬用の小橇で装備された。

トゥハチェフスキーの作戦は、南面より決定的な攻撃を開始し、そののち他の三面より、同時に大兵力を投入した突撃を貫行してクロンシュタットを占領する、というものであった。

三月一六日一四時二〇分、南面を受けもつ部隊がその砲火をひらいた。一七時には、北部軍もまたクロンシュタットにたいする砲撃を開始した。クロンシュタットの砲も応えた。砲撃は四時間にわたって続けられた。それから一般住民のあいだに恐慌状態を引き起こすことを目論んで、飛行機が市街地を爆撃した。夕刻になって砲撃が止んだ。クロンシュタットの探照燈は、氷上に侵入者を求めてはいまわっていた。

真夜中近くには、政府軍は足場を固めて前進を開始した。午前二時四五分、北部軍は、クロンシュタット防衛軍に遺棄された第七堡塁を占領した。午前四時三〇分、政府軍は第四および第六堡塁を攻撃したが、クロンシュタットからの砲撃で重大な損害をこうむった。同六時四〇分に、政府軍士官学校生徒が、ついに第六堡塁を占領した。

南部軍は午前五時、前面の堡塁へ攻撃を開始した。防衛隊は応戦しきれずに市内へ退却した。やがて、激烈な、血まみれの戦闘が、街頭で起こった。至近距離で機関銃が使用された。水兵たちは、家屋、屋根裏部屋、物置の一つひとつに拠って抵抗した。市街地区では、彼らは労働者民兵によって増援されており、攻撃軍は、数時間のあいだ、堡塁や郊外へと押し戻されたのである。水兵たちは、さきに政府軍第八〇旅団によって占領されていた機械専門学校を奪い返した。

市街戦は恐るべきものであった。赤軍兵士はその将校を失い、赤軍兵士と防衛軍とは形容しがたい混乱のうちに、まじり合ってしまった。敵味方の区別がまったくつかなくなってしまったのである。市内の一般住民は、銃撃にもかかわらず政府軍部隊と親しく交歓しようと試みた。臨時革命委員会のビラは、依然として撒かれていた。水兵たちは、最後にいたるまで、兄弟的な交歓を求め続けたのであった。

三月一七日は、終日激しい戦闘が続行された。夕刻までには、北部軍がほとんどの堡塁を占領していた。市街戦は、その夜中続けられ、かなりの部分は翌朝へ引き継がれた。最後に残ったミリューーチン堡塁、コンスタンチン堡塁、オブローチェフ堡塁が、一つずつ次々に陥落していった。最後の一つが占領された後ですらも、孤立した防衛者たちのグループが、なお、絶望的に機関銃で抵抗していた。トリブヒン燈台の近くでは、一五〇名の水兵からなる最後のグループが、絶望的抵抗を示していた。

決算書

ペトログラード地区軍衛生当局が発表した、三月三日から二一日の期間についての統計では、四一二七名の負傷者と五二七名の死者があげられている。これらの数字には、溺死者および負傷したまま氷上に置き去りにされて死亡したおびただしい人びとは含まれていない。(原註)同時にまた、それには革命法廷の犠牲者たちも含まれてはいないのである。

(原註) 後者の数があまりにも多かったので、フィンランドの外務大臣は、ロシア大使ベルジンと、氷上の死体をかたづけるための国境警備隊合同パトロールにかんして、協議したほどであった。フィンランド人たちは、氷が融けたあとで、何百という死体がフィンランド沿岸に漂着するだろうと懸念していた。

われわれは、クロンシュタット側の損失にかんしては、大よその数字すらも有してはいない。それは、のちに起こった報復虐殺の分を除外してさえも、膨大なものであった。おそらく、いつの日にか、チェーカーや革命法廷の記録が、その完全にして恐るべき真実を明るみに出してくれるであろう。

次にあるのは、この叛乱の《公認》スターリニスト歴史家プーホフが、その点について述べていることである。

「正常な生活を再建するための諸措置がとられ叛乱の残党にたいする闘争が続けられているのと併行して、ペトログラード軍管区革命法廷は、多くの地域でその活動を遂行しつつあった。……厳しいプロレタリア的処罰が、われわれの旗にたいするすべての裏切り者どもへ加えられていたのだ……判決は多くの出版物に公表され、重大な教育的役割を果した。」

公式出典よりのこれらの引用は、トロツキストの「要塞は取るに足りない犠牲によって包囲され奪取された」という嘘を論駁している。(原註)

（原註）一九三七年九月一〇日に、トロツキーは『労働者の闘争（ラ・リュッテ・ウブリエール）』上で、「一九二一年のクロンシュタットは大殺戮であったと主張するような伝説」について書いている。

三月一七日から一八日へかけての夜中に、臨時革命委員会の一部は、クロンシュタットを脱出した。およそ八〇〇〇名の人びと（水兵の若干数と一般市民のもっとも活動的部分）が、フィンランドへ向けて永久亡命の旅へと出立していった。

赤軍――《ソヴィエト》権力の守護者――が最終的にクロンシュタットへ入城した時、彼らはクロッシュタット・ソヴィエトを再建しはしなかった。その機能は、新たな要塞副司令官附属政治部によって引き継がれたのである。

全赤色艦隊は、根底的に再編制された。何千名というバルチック艦隊水兵たちが、黒海、カスピ海それにシベリアといった各海軍基地で軍務につくため送り出されていった。プーホフによれば、「信頼のあまりおけない分子、クロンシュタットの精神に感染されているような連中は、転属させられた。多くの者は、ただ不承不承従ったにすぎない。この措置は、不健全な雰囲気を一掃するのに役立ったのである。」

四月になると、新たな海軍司令部は、個人別点検を開始した。「特別委員会は、政治的観点より信頼しがたいと見なされた水兵たちとともに、《不必要な》（すなわち専門をもっていない）カテゴリーV、G、Dに分類された一万五〇〇〇名の水兵たちを放逐した。」

クロッシュタットの物理的絶滅に続いて、その精神そのものも、艦隊から根絶やしにされなければならなかったのである。

Ⅱ　各政治党派の見解と動向

「労働者農民による叛乱は、彼らの忍耐がその限度に達したことを示している。労働者大衆の決起は迫っている。官僚主義を打倒する時がきたのだ……クロンシュタットは、はじめて労苦する者の第三革命の旗を掲げた……専制政治は堕落しきっている。憲法制定議会は地獄の亡者共の巣窟と化してしまった。官僚主義は崩壊しつつあるのだ……。」臨時革命委員会『クロンシュタット・イズヴェスチヤ』。エタピイ・レヴォリューツィ（革命の諸段階）、一九二一年三月一二日付。

「ブルジョア諸新聞で、諸君は、われわれがユデニッチとクロンシュタットに差し向けるため、中国人、カルムーク人その他の連隊を育成したという記事を目にするであろう。もちろん、これは嘘である。われわれは、わが青年たちを育成したのだ。クロンシュタットへの突撃は、まことに特徴的なものだった。私が述べていたごとく、クロンシュタットは、まさに英仏帝国主義の手に渡ろうとしていたのだ。」L・トロツキー、第二回国際共産主義青年会議での演説。一九二一年七月一四日。『コミンテルン最初の五カ年』（パイオニア出版社、一九四五年）三三二一頁。

アナキスト

　クロンシュタットの水兵たちは、その要求を独力で提出したのであろうか？　それとも彼らは、彼らにスローガンを示唆してくれるような政治党派の影響下に、行動していたのであろうか？　こうした問題が論議される際、アナキストの影響といったものが、しばしば俎上にのせられる。これは、どれほど確かなことなのだろうか？　臨時革命委員会委員の中には、クロンシュタットにいたすべての人びとの中でもそうであったように、アナキストと目されている人びとが確かに存在していた。だが、われわれがこれまで本書において努めてきたように、記録に残された証拠に立脚するかぎり、アナキスト・グループによる直接の干渉はなかったと結論せねばならない。

　ペトログラードでしばらくクロンシュタットの叛乱者グループと共に投獄されていたメンシェヴィキのダンは、その『回想録』（原註）の中で、臨時革命委員会委員の一人ペレペルキンはアナキズムに接近していたと述べている。彼はまた、クロンシュタットの水兵たちは共産党の政策に幻滅し、うんざりしており、政治党派一般について嫌悪しながら語っていた、とも述べている。彼らの眼には、メンシェヴィキも社会革命党もボリシェヴィキと同様に悪しきものと映っていたのである。こうしたすべての政治党派は、権力を把もうと必死になり、やがて後には彼らに信頼を寄せていた民衆を裏切るような存在だったのだ。ダンによれば、政治諸党派に失望した水兵たちの結論は「君らは皆同じさ。俺たちが必要としているのは、権力組織ではなく、アナキズムなのだ！」というものであった。

（原註）T・ダン『彷徨の二年間（一九一九―二一年）』ロシア語版。

アナキストは、もちろん、クロンシュタットの叛乱者を擁護した。もし、アナキスト諸組織のいずれかがその蜂起を実際に援助していたとすれば、おそらく彼らの刊行物がその事実に言及していたに相違ないと思われる。にもかかわらず、当時のアナキストの刊行物にはそのような援助についての記述は見あたらない。一例をとると、一〇月〔革命〕以前クロンシュタットの大衆と水兵のあいだにかなりの権威を有していた老アナルコ・サンジカリストのヤルトチュク[原註一]は、事件の直後に書かれ一九二一年蜂起へ献げられたその小冊子の中で[原註二]、そうしたアナキストの役割についてはなんら言及していない。われわれは、彼の見解を公平にして決定的な証拠と見なさざるをえない。

（原註一）一九二六年に彼は共産主義者となり、ロシアへ帰還した。

（原註二）ヤルトチュク『クロンシュタット叛乱』ロシア語版およびスペイン語版。

蜂起が勃発した時には、アナキストはすでに国中いたるところで弾圧されつつあった。孤立化したリバータリアンおよびわずかに生き残ったアナキストの諸グループは、疑いもなく《精神的》には蜂起者の側に立っていた。このことは、例えばペトログラードの労働者階級に宛てられた以下のようなビラに示されている――

「クロンシュタット叛乱は、革命である。諸君は、昼も夜も大砲の轟きを耳にしている。諸君は、クロンシュタットの掲げる要求が諸君自身の要求であるにもかかわらず、クロンシュタットから政府軍をそらせるため政府に抗して直接事態に介入することをためらっている……クロンシュタットの民衆はつねに叛乱の最前線にいるのだ。クロンシュタット叛乱に続いて、ペトログラードの叛乱を準備しようではないか。そして諸君の叛乱に続いて、アナキズムを勝利させようではないか。」

当時ペトログラードにいた四人のアナキスト（エマ・ゴールドマン、アレクサンダー・ベルクマン、ペルクスそれにペトロフスキー）は、事件の血腥《ちなまぐさ》い結末を予見していた。三月五日に、彼らはペトログラード労働・防衛会議へ次のような手紙を送付した。

「現在、沈黙を守ることは不可能であるばかりでなく、実際犯罪的なことですらある。最近の事態の展開を目のあたりにして、われわれアナキストは現状についてのわれわれの意見を明らかにせざるをえない。労働者と水兵の心中に渦巻く不満と憤激は、われわれの深刻な注意を当然にも引きつけている諸状況の結果なのである。寒さと飢えとが不満を醸成していると同時に、いかなる討論あるいは批判の可能性もが欠如しているということが、労働者と水兵にこうした不満からの脱出路を模索するよう強いているのである。労農政府が労働者と水兵にたいして武力を用いているという事実は、さらに一層重大である。それは、国際的労働運動の中に反動的影響をもたらすであろうし、それゆえまた、社会革命へ向けての運動に害をおよぼすであろう。ボリシェヴィキの同志諸君、未だ時間のあるうちに考えてほしい。火遊びはやめてほしいのだ。諸君は、決定的な道に踏み込もうとしているのだ。われわれは次のことを諸君に提案する――意見の相異を平和的に解決するためにクロンシュタットへ赴く六名（そのうち二名はアナキストたるべきである）から成る委員会を任命すること。現在の諸情勢の下では、これが事態を処理する上でもっとも理性的な方法である。これは、国際的・革命的意義を持つであろう。」

これらのアナキストたちは、確かにその義務を果たしていた。だが、彼らは自己の責任において行動したのであり、彼らがいずれにしても叛乱者と組織的に結びついていたことを示すものは何もない。そのうえさらに、彼らがこうした種類の調停的提案を行なった事実そのものが、彼らが水兵たち――彼ら自身、代表団をペトログラードへ派遣しており、それを通じて妥協点を求めることは可能であったろう――と直接的接触を持っていなかったことを暗示している。

また、もし「ペトロパヴロフスク」決議中に、アナキストのための言論出版の自由が要求されていたとしても、それは一九二一年のクロンシュタットの民衆が、一〇月〔革命〕以前からの彼らの思想と伝統とを持ち続けてきたことを示しているにすぎない。

一〇月〔革命〕前には、ボリシェヴィキもアナキストもクロンシュタットにおいてかなりの影響力を有していた。(原註)一九一七年の夏、ペトログラード・ソヴィエトの会合において、トロツキーはメンシェヴィキ指導者ツェレテリに向かってこう答えることができた。「そうだ、クロンシュタットの人びとはアナキストだ。だが、現在クロンシュタットを絶滅させようと諸君を煽動している反動家どもは、この革命の最終局面で諸君やわれわれを吊す絞首索を準備しているのだ。そして、われわれを防衛するために最後の一人までたたかうのは、クロンシュタットの人びとであろう。」

(原註)フレロフスキーやラスコリニコフといった著名なボリシェヴィキの証言による。

アナキストはクロンシュタットでは、革命家として知れわたっていた。そのゆえに、叛乱者たちがソヴィエトの門戸を異なった社会主義諸潮流にたいして開放することに言及する際、彼らは、左翼社会革命党とともにアナキストのことをまず思い浮べたのである。

ペトロパヴロフスク決議の中でもっとも重要なものは、労働者と他人の労働を搾取していない農民とにたいする民主主義的諸権利の要求、それに一党による独占的影響力行使の廃止の要求であった。こうした要求は、すでに非合法下に置かれていた他の社会主義諸党派の綱領の一部をもなしていた。アナキストはこうした要求に賛成してはいたが、それらを前面に押し出していたのはアナキストだけではなかったのだ。

こうしたことと並んで、クロンシュタットの人びとは繰り返し彼らが《ソヴィエト権力の味方》であると主張していた。ごく少数派のロシア・リバータリアン（「ソヴィエト派アナキスト」）は、ソヴィエト――すでに国家機構の中に統合されていたのだが――との緊密な協同という思想を支持していることで知られていた。一方で、マフノ運動（一六歳の時よりアナキストであったマフノの強力な個人的影響力の下にあったにもかかわらず、排他的なアナキスト集団ではなかった）は、《ソヴィエト権力》を防衛するに足るものとしては語っていなかった。そのスローガンは《自由ソヴィエト》、すなわち、国家権力を付与されない、異なる政治的諸党派が共存できるソヴィエト、であった。

クロンシュタットの人びとは、労働組合が重要な機能を果たすべきであると信じていた。この思想は、決してアナキスト独自のものではなかった。それは、左翼社会革命党や共産党内部の労働者反対派（コロンタイおよびシリャプニコフ）によっても共有されていたものである。のちには、他の反対派的共産主義諸潮流（サプローノフ派のような）も、それを支持することとなる。つまり、こうした思想は、プロレタリア民主主義、および他勢力のすべてに取って代わりつつそれらを支配することによって開始された一党独占への反対、を通じてロシア革命を救済しようと試みるすべての者の証しなのであった。

われわれは、アナキズムはプロレタリア民主主義という思想を唱えたという範囲内でクロンシュタット蜂起について影響力を持ちえたのだ、と結論してよいであろう。

メンシェヴィキ

メンシェヴィキは、水兵たちのあいだで決して重きをなしたことはなかった。クロンシュタット・ソヴィエトのメンシェヴィキ代議員数は、艦隊内におけるその実際の影響力とはなんら関係がなかった。第二回選挙以降わずか三—四人のソヴィエト代議員しかもたなかったアナキストの方が、はるかに大きな人気を博していた。この逆説的な状況は、一つにはアナキスト間の組織性の欠如から、さらには一九一七年になるとボリシェヴィズムとアナキズムとの差異が大衆にとってほとんど見分けがたくなったという事実から生じていた。多くのアナキストは、当時、ボリシェヴィズムを一種のバクーニン主義化されたマルキシズムと見なしていた。(原註)

(原註) この観念は後に、《ソヴィエト派アナキスト》ヘルマン・サンドミルスキーによって、レーニン死去の際に『モスクワ・イズヴェスチヤ』に掲載された論文中で展開された。

メンシェヴィキは——少なくともその正式なフラクションは——根本的にボリシェヴィズムと敵対していたにもかかわらず、国家権力にたいする武装闘争には賛成していなかった。そのことゆえに、彼らは武力干渉にも反対していた。(原註) 彼らは、ソヴィエトおよび労働組合内において合法的反対者の役割を果たそうと努力していた。プロレタリアートの独裁と一党の独裁の双方に反対し、ロシアは未だ資本主義的発展段階に対応していると確信していたので、彼らは、武力干渉は、ロシアにおける民主主義的勢力が自己を確立するのを妨げるものにすぎないことを感じとっていたのである。彼らは、ひとたび武装闘争が終結するや、体制は民主主義的変革というコースに従うことを余儀なくされるであろうと希望していた。

（原註）事実、一九一九年のデニキンの攻撃のあいだ、彼らは、その党員に赤軍に参加するよう呼びかけていた。

クロンシュタット蜂起の続いている一九二一年三月七日、メンシェヴィキ・ペトログラード地下委員会は、以下のようなビラを出した。

「ペトログラードの労働者、赤軍兵士、クルサントゥイ諸君へ、殺戮を阻止せよ！　大砲は轟き、労働者の党を自認する共産党はクロンシュタットの水兵や労働者を射殺しつつある。われわれは、クロンシュタットで起こったことについて詳細を知り尽くしているものではない。だがわれわれは、クロンシュタットの人びとが、ソヴィエトの自由選挙および逮捕されている社会主義者、非党員労働者それに水兵の釈放を要求していることはよく知っている。彼らは、三月一〇日にこのソヴィエト・ロシアの危機的状況について討議するために無党派の労働者、赤軍兵士、水兵による会議を開催するよう要求しているのだ。

真実の労働者権力ならば、クロンシュタット事件の真因を明確に説明することができたはずである。真実の労働者権力ならば、全ロシア労働者階級の面前で、クロンシュタットの労働者、水兵と討論すべきであったのだ。そうする代わりにボリシェヴィキは、包囲状態を宣言し、兵士や水兵を機関銃で虐殺している。

同志諸君、われわれは悲しげに座したまま大砲の響きに耳を傾けていることはできないし、またそうすることは許されもしないのだ。一斉射撃のたびに何十人もの人命が失われてゆく。われわれは、介入し、この大虐殺に終止符を打たねばならない。

クロンシュタットの水兵および労働者にたいする軍事作戦をただちに停止するよう主張せよ。政府がペトログラード工場代表者の参加のもとにクロンシュタットとただちに協議を開始するよう主張せよ。即刻、この協議に参加する代表を選出せよ。殺戮を阻止せよ！」

メンシェヴィキ中央委員会は、別のビラも出していた。このビラは次のように語っていた。

「必要なのは、農民層にたいする暴力の政策ではなくて、和解の政策なのだ。権力は、勤労者大衆の手中に真に握られるべきである。このことを達成するには、ソヴィエトの新たなそして自由な選挙が絶対不可欠である。必要とされているのは、語られること多くしてその痕跡のかけらすら見あたらない、労働者民主主義そのものなのだ。」

ロシア社会民主党の正式機関紙『ゾツィアリスティッシェンスキー・ヴェストニク』〔国外で発行〕は、クロンシュタット蜂起を以下のように評価していた。「現体制に抗する決定的闘争において現在イニシアティヴをとっているのは、これまでボリシェヴィズムを支持してきた、まさに大衆そのものである。」この新聞は、クロンシュタットのスローガンをメンシェヴィキのそれであると見なし、さらに、メンシェヴィキは「艦隊におけるメンシェヴィキ組織の総体的欠如のゆえに蜂起の中で党が何ら役割を果たさなかったという事実を考慮にいれれば、このこと〔スローガンの獲得〕について大いに満足する権利を有している」とつけ加えていた。

ロシア・メンシェヴィキの指導者であるマルトフはすでにロシアより亡命していた。一九二一年五月一日に発行された『フライハイト』の記事で彼は、蜂起においてメンシェヴィキおよび社会革命党の双方がなんらかの役割を演じたということを否定した。イニシアティヴは、原則のレベルではなく組織のレベルで共産党と絶縁した水兵たちによるものである、と彼は思っていたのである。

プーホフは、おびただしいメンシェヴィキ反主流派グループの一つによって署名されている他のビラを引用している。それは次のように述べていた――

「反革命という嘘言を粉砕せよ！　まことの反革命者どもはどこにいるか？《ソヴィエト権力》について云々しているボリシェヴィキども、人民委員どもがそれなのだ。彼らに抗して、真の革命が起こりつつある。われわれはこれを支持せねばならない。われわれはクロンシュタットの救援に赴かねばならないのだ。われわれの義務はクロンシュタットを助けることである。革命万歳。憲法制定議会万歳！」

メンシェヴィキ中央委員会は、こうした反主流派グループによって提出されたスローガンにたいしていかなる責任をとることも拒否した。

右翼社会革命党

憲法制定議会召集の要求は、右翼社会革命党のプロパガンダの主軸であった。その党機関紙『レヴォルーツィオンナヤ・ロシア』（一九二一年三月には国外で発行されていた）において、解散させられた憲法制定議会前議長で右翼社会革命党の指導者たるヴィクトル・チェルノフはこう記している、「嫌悪をもよおさせる血まみれのボリシェヴィキ独裁からの脱出路を見い出したいと望むすべての者、自由への道を歩みたいと望むすべての者は、クロンシュタットの周囲に結集し、その救援に駆けつけねばならない。憲法制定議会こそ民主主義の王冠に他ならないのだ。」

チェルノフはすでに、『クロンシュタット・イズヴェスチヤ』第六号において叛乱水兵たちが次のように語っていることを十分に承知していた。「労働者と農民はさらに前進する。彼らはウチェルド・ニカ（憲法制定議会の後退した形態）とそのブルジョア的制度を超えて前進するであろう。彼らはまた、大衆の喉首をつかまえ、絞め殺そうと脅しをかけているチェーカーや国家資本主義と一体となった共産党独裁をも乗り越えるであろう。」クロンシュタットの人びとのこうした路線について論じる際、チェルノフは、これらを過去のボリシェヴィキの影響のイデオロギー的残存物によるものと見なしたのである。

個人的政治的気質において、チェルノフはメンシェヴィキと正反対であった。彼は、その政治的盟友たちとともに、水兵たちに熱烈なアピールを発した。

「ボリシェヴィキは、大衆の内部に憲法制定議会の思想に代えてソヴィエトの思想を提出した時、自由と民主主義の旗じるしを抹殺した。ソヴィエトを、憲法制定議会の補助機関、議会と国民とのあいだの強力な絆と考える代わりに、彼らはソヴィエトを議会に対抗するものとしてもちあげ、その結果、ソヴィエトと議会の双方を殺してしまった。欺かれている労働者、兵士、水兵諸君よ、このことを銘記せよ。諸君のスローガン《ソヴィエトの自由選挙》を、ソヴィエトから議会へと進撃する雄叫びとして轟きわたらせよ。」

チェルノフは、さらに深入りさえした。自己の所有する船上から、彼は以下のようなラジオメッセージを臨時革命委員会へ送ったのだ——

「憲法制定議会議長ヴィクトル・チェルノフは、専制の軛を振り落とす一九〇五年以来三度目の闘争を続けている英雄的水兵、兵士ならびに労働者同志諸君に、兄弟的連帯の挨拶を送る。仲介者として私は、現在国外にあるロシアの協同的諸機関の援助の下に、クロンシュタットへの食糧供給を確保するため人員を派遣するつもりである。

私に、何が、どれほど必要なのか知らせてほしい。私は自ら赴き、私の力と権威とを人民革命の足下に投げ出す用意をととのえている。私は、労働者階級の究極の勝利を確信している。われわれは、大衆が憲法制定議会の名において喜び勇んですぐにも決起するであろうとの知らせを、いたるところから受け取っているのだ。ボリシェヴィキとの妥協という罠にかけられてはいけない。彼らは、ただ時を稼ぎ、彼らが信頼できるソヴィエト軍の特別部隊をクロンシュタットの周囲に集中するためにのみ、そうした妥協を行なうのだ。人民解放の旗を最初に掲げた人びとに栄光あれ。左右の専制政治を打倒せよ。自由と民主主義万歳。」

同じ頃、《社会革命党在外代表部》からクロンシュタットへ、第二のアピールが特派急使によって届けられた。

「党は、いかなる種類の一揆主義とも無縁であった。ロシアにおいても党は、クレムリンの独裁者どもに労働者農民の世論の圧力でもって人民の要求を認めさせる方向で、最近にいたるまで、幾度となく試みられた人民の怒りの爆発を押しとどめてきた。だが、人民の怒りが噴出し、人民革命の旗が高らかにクロンシュタットの頭上に掲げられたからには、わが党は、自由と民主主義のための闘争にわが党が結集しうる全勢力をあげて、叛乱者に援助を提供するものである。社会革命党は、諸君と運命を分かち、諸君の隊列で勝利かしからずんば死まで共にある覚悟をかためている。われわれに何ができるか知らせてほしい。人民の革命万歳。自由ソヴィエトならびに憲法制定議会万歳！」

これらの具体的提案にたいして、一九二一年三月三日、チェルノフは以下のような返答をラジオを通じて受け取った——

「クロンシュタット市臨時革命委員会は、レヴァルから急派されてきた同志チェルノフの挨拶を受け取った。国外にあるわれわれのすべての兄弟たちにたいして、われわれはその好意に感謝の意を表明する。われわれは、同志チェルノフにその申し出には感謝するが、事態がはっきり落ち着くまでしばらくのあいだ訪問されないよう要請する。さしあたりわれわれは、彼の提案について検討を続けるであろう。

署名　臨時革命委員会議長　ペトリチェンコ」

ボリシェヴィキは、臨時革命委員会がチェルノフの訪問に原則的に同意したと主張した。彼らは同時に、チェルノフがそのクロンシュタットへ食糧を送るという申し出に、叛乱者が憲法制定議会のスローガンを掲げることという条件を付与した、とも主張した。一九二一年三月二〇日、共産党員コマロフは、ペトログラード・ソヴィエトの会合で、臨時革命委員会はチェルノフに一二日間の猶予を与えてほしい、そうすればその間にクロンシュタットの食糧事情が悪化し社会革命党によって要求されているスローガンを掲げることが可能になるであろうと要請した、と断言した。コマロフは、この情報がすでにボリシェヴィキの手に落ちていた臨時革命委員会委員ペレペルキンへの尋問の際に入手されたものである、と述べた。ペレペルキンは、臨時革命委員会議長〔ペトリチェンコ〕がチェルノフへ秘密裡に肯定的な回答を送ったと自白した、とさえいいたてられた。

水兵ペレペルキンは銃殺され、その《自白書》については確かめるすべがない。しかしながら、銃殺される直前に監獄でペレペルキンはメンシェヴィキのダンに会っており、共通の運動時間中に彼はダンに叛乱にかんして多くを細目にわたって語ったにもかかわらず、そのような事柄については一言も漏らしてはいなかった。われわれは、すでにして一九二一年にボリシェヴィキの《正義》はいかに自白を捏造すればよいかを熟知していた、と信じざるをえない。

一九二六年一月に発行された左翼社会革命党機関紙『ズナーミヤ・ボリブィ』の論文〔本書一〇四頁〕の中で、臨時革命委員会議長ペトリチェンコは、〔臨時革命〕委員会によってチェルノフに与えられた回答を確認している。彼は、委員会自体ではこの問題を処理することができなかったので、委員会は新たに選出されたソヴィエトへこの問題を申し送るよう提案した、と説明している。ペトリチェンコはさらに、「私は現実に生起したことに従って、また私自身の政治的意見とはあくまで別個に、事実を述べているのである」とつけ加えている。チェルノフにかんしていえば、彼は叛乱者に条件をつけたということを否定している。彼は、「遅かれ早かれ、叛乱者たちがそれを採択するであろうと確信して」憲法制定議会というスローガンを支持したのである、と公然と主張していたのであった。

左翼社会革命党

国外で発行されている左翼社会革命党の新聞『ズナーミヤ』一九二一年六月号で、左翼社会革命党は次のようにその綱領の大要を述べていた。

「左翼（国際主義派）社会革命党の主要な目的は、ソヴィエトの再建と真正のソヴィエト権力の再興である……われわれは一九一八年六月一〇日に第五回全露ソヴィエト大会で採択され、そして潰されたソヴィエト共和国憲法の恒久的再確立を目ざしている……ロシアにおける労働者人民の主柱たる農民層は、自らの運命を自ら決定する権利を有するべきである……もうひとつの重要な要求は、都市における労働者の自主的活動および自由な創意の再確立である。強制労働が、飢え、死にかかっている人民に要求されるようなことがあってはならない。何よりもまず、人民は食糧を与えられねばならず、そのためには労働者と農民の利害を調整することが絶対不可欠なのだ。」

ペトロパヴロフスク決議の精神は、疑いもなく、左翼社会革命党綱領の精神にきわめて近いものであった。とはいうものの、左翼社会革命党は蜂起への参加については否定している。『ズナーミヤ』の同じ号で彼らのモスクワ通信員の一人は、こう書いている――

「クロンシュタットには、左翼人民主義の責任ある代表は一人としていなかった。運動全体は、われわれの参加なしに発展したのである。運動が開始されたときわれわれがその外にいたにもかかわらず、その発展形態は本質的に左翼人民主義のそれであった。そのスローガンとその精神的目標はわれわれ自身に非常に近いものである。」

歴史的真実を確定したいと願うわれわれは、さらに二つの権威ある証言――レーニンおよび蜂起指導者の一人、水兵ペトリチェンコの証言――を引用したいと思う。

レーニンの考察

次に掲げるのは、レーニンが、その『現物税』（原註）という論文において、クロンシュタットについて触れざるをえなかった個所である。

（原註）イダ・メットのレーニンからの引用は、誤ってその『現物税』からとされている。この報告は、第一〇回党大会において一九二一年三月一五日になされたものである（『選集』第九巻、一〇七頁、邦訳『全集』第三二巻以下）。この引用は、実際には『食料税について』という論文からのものである（『選集』第九巻、一九四―一九八頁、邦訳『全集』第三二巻、三五四頁以下）。『ソリダリティ』編集部。

「一九二一年の春は――おもに不作と家畜の斃死《へいし》とのために――そうでなくてさえ、戦争と封鎖との結果として、きわめて苦しかった農民の状態を、極度に激しいものにした。一般的にいって、小生産者の『本性』そのものとなっている政治的動揺は、このような激化の結果であった。この動揺のもっとも顕著な現われが、クロンシュタットの暴動である……十分にきまった形をとったもの、はっきりしたもの、明確なものは、非常にすくなかった。『自由』とか、『商業の自由』とか、『奴隷解放』とか、『ボリシェヴィキのいないソヴィエト』とか、またはソヴィエトの改選、あるいは『党の独裁からの解放』、その他などなどというぼんやりしたスローガンがあった。メンシェヴィキもエス・エル〔社会革命党〕も、クロンシュタットの運動は『自分たちのものだ』と宣言している。

ヴィクトル・チェルノフは、クロンシュタットに急使を派遣した。すると、クロンシュタットではこの急使の提議にもとづいて、クロンシュタットの指導者の一人であるメンシェヴィキのヴァリクが『憲法制定議会』に賛成の投票をした。すべての白衛派は一瞬のうちに、いわば無電のような早さで、『クロンシュタット支持のために』動員された。クロンシュタットにいた白衛派の軍事専門家——それは多くの専門家のことで、コズロフスキーだけではない——はオラニエンバウム上陸計画を作成した。これは、動揺しているメンシェヴィキやエス・エルや無党派の大衆をびっくりさせた。

在外白衛派の五〇種以上のロシア語新聞は、ものすごい勢いで『クロンシュタット支持』のカンパニアを展開した。大銀行、金融資本の総勢は、クロンシュタット援助のために醵金《きょきん》をはじめた。ブルジョアジーと地主の賢明な指導者であるカデットのミリューコフは、ばか者のヴィクトル・チェルノフには直接に〔またクロンシュタットと関係していたかどでペテルブルグの監獄につながれているメンシェヴィキのダンとロジコフには間接に〕憲法制定議会についてはいそぐにあたらないこと、ボリシェヴィキさえ抜きにすればソヴィエト権力に賛成することができるし、またしなければならないことを、辛抱づよく説明した。

もちろん小ブルジョア的な空文句の英雄チェルノフや、『マルクス主義』をまねた素町人的改良主義の騎士マルトフのような、うぬぼれたばか者よりも利口であることは、むずかしいことではない。だが、そもそもの問題は、ミリューコフが個人としていっそう利口だということではなくて、大ブルジョアジーの党的指導者が、その階級的立場のために、問題の階級的本質と政治的な相互関係を、小ブルジョアジーの指導者チェルノフやマルトフのような連中よりも、いっそうはっきり見ており、いっそうよく理解している、ということである。というのは、ブルジョアジーは真に階級的な力であって、この力は資本主義のもとでは、君主制下にあっても、このうえなく民主的な共和制下にあっても不可避的に支配するし、また全世界のブルジョアジーの援助を不可避的に受けるのである。

ところが小ブルジョアジーは、すなわち、第二インタナショナルと『第二半』インタナショナルのすべての英雄は、その経済的な本質からして、階級的無力の表現でしかありえない――そこから、動揺とか、空文句とか、たよりなさが生まれてくるのである。……

マルトフは、彼のベルリンの雑誌で、クロンシュタットがメンシェヴィキのスローガンを実行しただけでなく、またすこしも白衛派や資本家に奉仕しないような反ボリシェヴィキ運動も可能だということを証明したように言明しているが、それは、まさにうぬぼれた素町人的なナルシサスの見本である。ほんものの白衛派がこぞってクロンシュタットの連中にあいさつをおくり、銀行を通じてクロンシュタット援助基金をあつめたという事実には、あっさり目を閉じよう！　チェルノフやマルトフのような連中にくらべて、ミリューコフは正しい。というのは、彼は真の白衛勢力の、資本家と地主の勢力の、真の戦術をもらしているからである。すなわち、ボリシェヴィキを打倒しさえすればよいのだ、権力の移動を実現しさえすれば、だれであろうと、たとえ無政府主義者であろうと支持しよう、どんなソヴィエト権力でもよいから支持しよう、右よりであろうと左よりであろうと、メンシェヴィキにであろうと無政府主義者にであろうと、どちらへの移動も同じことだ。ボリシェヴィキから権力を移動しさえすればよい。あとは――『われわれ』ミリューコフたちが、『われわれ』資本家と地主たちが、『自分で』やろう。無政府主義者たちや、チェルノフとかマルトフとかいう連中は、われわれがたたき出そう。それはちょうど、シベリアでチェルノフやマイスキーを、ハンガリーでハンガリーのチェルノフやマルトフを、ドイツでカウツキーを、ウィーンでフリードリヒ・アドラー一派を、たたき出したようなものである。こういう素町人的なナルシサスども――メンシェヴィキ、エス・エル、無党派分子――を、真に実務的なブルジョアジーは、あらゆる革命で、あらゆる国で、何十回となく、何百人となく、愚弄し、追いはらったのである。このことは歴史によって証明されている。このことは事実によって点検されている。ナルシサスどもはおしゃべりをするであろう。だがミリューコフ一派や白衛派は行動するであろう。……

　一九二一年の春の諸事件は、エス・エルとメンシェヴィキの役割を、いま一度示した。彼らは、動揺している小ブルジョア的な自然発生性をたすけて、ボリシェヴィキから遠ざからせ、また資本主義や地主のためになる『権力の移動』をおこなおうとしている。メンシェヴィキとエス・

エルは、今度は『無党派分子』に変装することをまなんだ。」〔邦訳『全集』第三二巻三八六—三九一頁〕

ペトリチェンコの証言

最後に、一九二六年一月の左翼社会革命党機関紙『ズナーミヤ・ボリブィ』に論文として発表されたペトリチェンコの証言の主要部分を引用しよう。

「私は、左翼社会革命党と英国の共産主義者とのあいだに交わされた書簡を読んだところだ。これらの書簡では、一九二一年のクロンシュタット蜂起の問題が取りあげられている……。私は、〔臨時革命委員会の〕議長であったゆえに、英国共産党政治局のためにこれらの出来事について手短かにいくつかの点を明らかにすることを、私の道徳的義務であると考える。私は諸君が、諸君の情報をモスクワから得ていることを知っている。私は、さらにまた、そうした情報が、一方的なものであり、偏見にみちたものであることも承知している。諸君が硬貨のもうひとつの面を提示されるとしても、それは無益なことではないだろう……。

諸君は、一九二一年のクロンシュタット蜂起が外部から指令されたものではないということを諸君自身で認めてきた。このことは、勤労者大衆、水兵、赤軍兵士、労働者それに農民たちの忍耐がその極限にまで達したのだ、という認識につながるものなのである。

共産党の独裁――あるいは、むしろ、その官僚主義――にたいする人民の怒りが蜂起という形態をとったのであり、このことのゆえに、貴重な血が流される結果となったのだ。階級とか階層の相違という問題など存在していなかった。バリケードの両側には、ともに労働者がいた。その相違点は、クロンシュタットの人びとが意識的に自らの自由な意志で前進していたのにたいして、彼らを攻撃している側の人びとが、共産党指導者に欺かれ、しかもそのうちのある者は自己の意志に逆らってまで行動していたという事実に存している。私は諸君にさらにこうつけ加えてもよい――クロンシュタットの人びとは、武器をとり血を流すことを嫌悪していたのだ！　と。

それでは、一体なにが起こってクロンシュタットの人びとは、自らを《労農政府》と呼んではばからない共産党の顔役どもと砲火で応酬することを余儀なくされたのか？

クロンシュタットの水兵たちは、この政府を樹立するために積極的な役割を果たしてきた。彼らは、反革命のあらゆる攻撃に抗してこの政府を防衛してきた。彼らは、ペトログラード――世界革命の心臓部――への関門を防衛したのみならず、コルニーロフから始まってユデニッチおよびネクリュードフ両将軍に終わる白衛軍に抗する無数の戦線で戦闘部隊を形成したのであった。

諸君は、この同じクロンシュタットの人びとが、突然、革命の敵になってしまったと信じるよう求められているのだ。《労農》政府は、クロンシュタットの叛乱者を、協商国の手先き、フランスのスパイ、ブルジョアジー、社会革命党員、メンシェヴィキなどなどと非難した。武装反革命将軍どもによる現実の脅威が姿を消したまさにその時に――国土の再建にあたらねばならないまさにその時に――人びとが一〇月〔革命〕の果実を味わおうと思っているまさにその時に――事物をその真実の色彩で呈示し、政治的課題を明らかにすることが問題となっている（すなわち、もはや約束をするのではなく、それらを実行することが問題となっている）まさにその時に、クロンシュタットの人びとが、突然、危険な敵に豹変してしまったとは、驚くべきことである。人びとは、革命の成果について決算書を作成しはじめていた。われわれは、このことを内戦の期間中には夢想すらしなかったのだ。しかも、まさしくこうした時点で、クロンシュタットの人びとが敵であることが判明したのである。とすれば、一体、クロンシュタットは革命にたいしていかなる罪を犯したというのであろうか？

内戦がおさまるにつれて、ペトログラードの労働者は、同市のソヴィエトに、その経済的公約を思い出させ、戦時体制から平時体制へ移行する時期がきたことを想い起こさせることが、自らの権利であると考えた。

ペトログラード・ソヴィエトは、こうした他意のない、しかも必要不可欠な要求を、反革命とみなしたのだ。ペトログラード・ソヴィエトは、こうした要求に耳を閉じ、口をつぐんだのみならず、労働者たちを協商国のスパイや手先きであると断言して、家宅捜索や逮捕という手段に訴えはじめたのである。これら官僚主義者どもは、人びとが彼らに抵抗するのをあえて差し控えた内戦期間中に、腐敗の度を強めていた。彼らは、状況が変化したことに気づかなかったのだ。

労働者は、ストライキに訴えることで応えた。ペトログラード・ソヴィエトの激怒は、このときに、野獣の狂暴さと化したのだ。彼らは自らのオプリチニキ（原註）の手助けをうけて、労働者を飢餓と疲弊のなかにおしとどめたのである。彼らは、労働者を、その鉄の拳で握りしめ、ありとあらゆる類いの強制労働へと駆りたてた。赤軍兵士や水兵は、労働者へのその同情にもかかわらず、彼らを防衛するためにあえて決起しはしなかった。だが《労農政府》はこのとき、クロンシュタットについては、見込みちがいをしていたのだ。幾分遅ればせながらも、クロンシュタットは、ペトログラードにおける事態の真実を知ったのである。

（原註）オプリチニキは、イワン雷帝の個人的親衛隊であり、同時に、彼の高級政治警察であった。七年間の在任期間（一五六五―一五七二年）中に、彼らは、その残忍な活動で悪名をはせた。

英国の同志諸君、それゆえ、諸君がクロンシュタット叛乱は特定個人の活動の結果起こったものではないというとき、諸君は誤っていない。

さらに、いわれているところの外国およびロシアの反革命諸組織によるクロンシュタットへの支援については、私自身の方がもっと知りたいと思っているぐらいだ！　私はふたたび繰り返そう、叛乱は、いかなる政治組織によってももたらされたものではなかった、と。そうしたものが、クロンシュタットに存在していたかどうかすら疑わしい。叛乱は、自発的に勃発したのである。それは、大衆自身——一般住民と守備隊の双方——の意志を表明していた。このことは、採択された諸決議や、いかなる反ソヴィエト派の支配的影響も嗅ぎ出せない臨時革命委員会の構成のうちに明らかに見てとれよう。クロンシュタットの人びとの言によれば、そこで生起したり行なわれたりしたことどもはすべて、刻下の状況の要請によるものであった。叛乱者たちは、他のだれをも信頼しなかった。彼らは、臨時革命委員会ですら信頼せず、あるいは代表者会議、集会その他いかなるものについても同様であった。このことについては疑問の余地がない。臨時革命委員会は、そうしようとおもえば可能であったにもかかわらず、けっしてこうした方向〔権力を自己の手に集中すること〕へ向けてなにかを企てようとはしなかったのである。〔臨時革命〕委員会の唯一の関心事は、人民の意志を厳密に履行することであった。それが正しかったのか、誤っていたのか、私には判決を下すことはできない。

真実は、大衆が委員会を領導していたのでありその正反対ではなかった、ということなのだ。われわれのなかには、あらゆる事象を三アルシン(原註)も深く洞察したり、なされねばならぬことのすべてを知りつくし、いかなる状況をも最大限に利用する術《すべ》を心得ている、といった類いの有名な政治家など存在していなかった。クロンシュタットの人びとは、予定された方策も計画もなく、状況に応じて自己の進むべき途を手探りしつつ、自らの採択した決議の枠内で行動したのである。われわれは、全世界から切断されていた。われわれは、ロシアたると外国たるとを問わず、クロンシュタットの外部で何が進行していたのかを知ってはいなかったのだ。おそらく、つねにそうであるように、われわれの蜂起について自らに都合のよい青写真を描いてみた者も幾人かはいたことであろう。そうした人びとは、無駄な時を費していたのだ。もし、ことが異なったふうに展開したなら、どういうことが起こったであろうかなどと推測するのは不毛なことである。というのは、事件そのものの性質が、われわれの予測していたものとはまったく異なったものとなりえたかもしれなかったからである。確かなことがひとつある。それは、クロンシュタットの人びとが、自らの手に握られたそのイニシアティヴを譲り渡すことを望まなかった、ということである。

(原註二) 長さを計るロシアの単位。

共産党員は、その出版物のなかで、われわれがフィンランドのロシア赤十字から食糧と医薬品の提供を受けたと非難している。われわれは、そのような申し出を受諾することになんらやましいことはないと考えたことを認めよう。臨時革命委員会および代表者会議の双方とも、それに同意したのである。われわれは、赤十字を、われわれになんの害も与えない公平無私な援助を提供してくれる慈善組織と考えていた。赤十字代表団にクロンシュタットへ入ることを許可するよう決定した際、われわれは、彼らを目隠ししたまま司令部へ連行した。最初の会談において、われわれは、彼らに、われわれは慈善組織からのものとしてその援助の申し出を感謝して受けるが、彼らにたいするいかなる約束事にも自己拘束されないと考えている旨を伝えたのである。彼らが送ろうとしている食糧が婦人や子供たちにたいして規定通り配給されるかどうかを監視するためクロンシュタットに常駐代表を残しておきたい、という彼らの要望をわれわれは受け入れた。

彼らの代表――ヴィルケンと呼ばれる退役海軍将校――は、クロンシュタットに留まった。彼は、四六時中監視つきの一室に閉じこめられ、われわれの許可なしには、外へ出ることは一歩たりともできなかったのである。彼が目にしたものといえば、クロンシュタットの守備隊および一般住民の断固たる決意だけであった。

これが、『国際的ブルジョアジーの援助』と称されるものだったのか？　それとも、ヴィクトル・チェルノフがわれわれにその挨拶を送ってきたという事実のなかに、こうした援助がすでに存在していたというのか？　これが『ロシアならびに国際的反革命勢力の支援』だったのか？　諸君は、クロンシュタットの人びとがわが身を反ソヴィエト派の懐の内に投げ出さんとしていたなどと、本当に信じることができるのか？　右派が蜂起について策略をめぐらしはじめているのを知ったとき、叛乱者たちが、労働者にたいして躊躇することなくそのことを警告したことを想い起こしてほしい。《紳士どもか、それとも同志たちか》と題された、『クロンシュタット・イズヴェスチヤ』三月六日号の論文を想い起こしてほしいのだ。」

Ⅲ　クロンシュタット——ソヴィエト最後の高揚

「……このぜいたくは実際に、まったく許しがたいものであった、そしてこのような討論（労働組合についての）を許すことによってわれわれは、疑いもなく、客観的条件からいって第一位に立つことのできないような問題をこの討論では第一位に押しだしたことに気づかないで、誤りをおかした。」レーニン第一〇回党大会への報告。一九二一年三月八日。『選集』第九巻九〇頁。

「クロンシュタットの叛乱者たちが要求したことは、かつてトロツキーが彼らの兄たちに約束したことであり、彼と党とが与えることができないでいることにすぎなかった。再び彼自身の声の苦々しい敵意に満ちた反響が他の人びとの唇から彼へとはねかえり、そして再び彼はそれを抑圧せねばならなかった。」アイザック・ドイッチャー『武装せる予言者』五一二—三頁。

あらゆることを考慮に入れたうえで、クロンシュタット叛乱とは一体なんだったのか？　それは、反革命蜂起だったのか？　それは意識した反革命的目標をもってはいなかったが、必然的に反革命への門戸を開くことになるような叛乱だったのか？　それとも、それは、一〇月〔革命〕における約束のいくつかを実現しようとした労働者階級によるたんなるひとつの試みにすぎなかったのか？　叛乱は不可避的なものだったのか？　そして、叛乱が行きついた血まみれの終焉もまた、不可避的なものだったのか？　われわれは、こうした疑問にたいして解答を与えようと試みることで、結びにかえたいと思う。

トロツキーの非難

一九二一年にボリシェヴィキによってなされたクロンシュタットにたいする非難は、のちにスターリニスト歴史家プーホフが一九三一年に出版されたその著作のなかで述べていることとまったく同じである。トロツキーもそれを繰り返していた。こんにちにいたるもトロツキストたちは依然としてそれを繰り返している。

しかしながら、この問題についてのトロツキーの態度は、つねに、幾分当惑気味であり、ぎこちないものであった。彼は、決定的な非難を浴びせるかわりに、その非難を小刻みに行なったのである。一九三七年に彼が初めてその著作でクロンシュタットを論じた〔ロシア革命についての彼の著書では、これまで彼はほとんどこの主題をあつかったことはなかった〕際、彼は、次のように書き出していた。「国全体が飢えていたというのに、クロンシュタットの連中は特典を要求していた。叛乱は、特権的な食糧割当を得ようとする欲望に支配されていたのである。(原註)」そうした要求がクロンシュタットの人びとから提出されたことは決してなかった。その後の著書でトロツキーは、疑いもなくこの問題についてさらに注意深く検討した結果、この特定の非難を放棄せねばならなかった。にもかかわらず、彼は嘘でぬりかためた公然たる非難を相も変わらず続けたのである。

（原註）『反対派ブレティン』第五六—七号（ロシア語版）。〔本書一四八頁所収〕

ベルギーの新聞『リュット・ウーブリエール』（一九三八年二月二六日付）の論文で、トロツキーはこう書いていた。

「階級的視点——折衷主義者諸氏を怒らせるつもりはないのだが、これは依然として政治および歴史の双方を分析する際の根本的基軸である——に立てば、クロンシュタットの振舞いを当時の危機的な日々におけるペトログラードの行動と比較してみることは、きわめて重要である。ペトログラードにおいてもまた、労働者階級の指導的層全体が剥ぎとられてしまっていた。飢えと寒さとが、モスクワよりもはるかに厳しく、この荒廃した首都を支配していた。……クロンシュタットの新聞は、ペトログラードのバリケードについてや何千人となく人びとが殺戮されたことについて書きたてていた。(原註) 全世界の新聞雑誌が、同じことを報じていた。ところが実際には、その正反対のことが起こっていたのである。クロンシュタット叛乱は、ペトログラードの労働者たちの関心を引きはせず、反発を招いただけであった。階級的境界線に沿って分離が起こった。労働者たちはただちに、クロンシュタットの叛徒はバリケードの反対側にいるということに気づき——そしてソヴィエト権力を支持したのであった。」〔本書一六三頁所収〕

（原註）クロンシュタット人民の新聞である『クロンシュタット・イズヴェスチヤ』が、ペトログラードにおいて「何千人となく人びとが殺戮された」と報じた事実はない。

ここでもまたトロツキーは、まったく事実に反することを語っている。われわれは以前に、ストライキの波がペトログラードで開始され、クロンシュタットがその先例にならっていった過程を明らかにしてきた。政府が防衛委員会という特別参謀本部を設置せねばならなかったのは、ペトログラードのストライキ参加者たちに対抗してであった。クルサントゥイ(原註)武装分遣隊の急派を通じて弾圧は、まず最初にペトログラードの労働者とそのデモンストレーションにたいして向けられたのである。

（原註）士官学校生徒。

しかるに、ペトログラードの労働者の手中には武器がなかった。彼らは、クロンシュタットの水兵のように自己を防衛することができなかったのだ。クロンシュタットに差し向けられた軍事的弾圧は、たしかにペトログラードの労働者への脅迫となった。分離は《階級的境界線に沿って》起こったのではなく、それぞれの部分に向けられた弾圧装置の強力さに従って起こったのである。ペトログラードの労働者がクロンシュタットの人びとに続かなかったという事実は、彼らがクロンシュタットの人びとに共感を寄せていなかったということをなんら証明しはしない。のみならず、後年になって、ロシア・プロレタリアートがさまざまな《反対派》につき従いきれなかったときでも、そのことは彼らがスターリンに同意していたということを証明してはいなかったのである！　このような場合問題となるのは、相互に対決しあっている諸勢力のそれぞれの強大さそのものなのだ。

同じ論文のなかでトロツキーは、革命的観点から見たクロンシュタットの消耗度について彼の論点を繰り返している。彼は、一九一七年と一九一八年のクロンシュタット水兵がイデオロギー的に赤軍よりもはるかに高い水準にあったのに反して、一九二一年までには事情が正反対になった、と主張している。こうした議論は赤軍公式資料によって論駁されている。これらの資料は、クロンシュタットの精神状態が軍隊の広範な層に感染していたことを認めているのである。

トロツキーは、クロンシュタットにかんして彼を攻撃している人びとに、その非難が時期はずれなほど遅ればせな点を弾劾している。彼は言う、「クロンシュタットをめぐるキャンペーンがあちこちのグループで執拗に続けられている。人はクロンシュタット叛乱が一七年前ではなく、ほんの昨日の出来事ででもあるかのように思いなすことであろう。」〔本書一五一頁所収〕だが、一七年という年月は、歴史の尺度で計るなら非常に短い期間である。われわれは、クロンシュタットについて語ることは《エジプトのファラオ時代を呼び出す》に等しい、などということを認めはしない。それにまた、このきわだって予兆的なエピソードのなかにロシアを一大破局へ導いた遠因のいくつかを探し求めることは、われわれにとっては筋道の通ったことと思われる。結局のところ、それは、ロシアの労働者にたいする犯罪的弾圧がスターリン輩やその一派によってではなく、ボリシェヴィキの精華、レーニンとトロツキー自身によって行なわれていた時代に起こったものだからである。それゆえに、クロンシュタット叛乱について真剣に論じることはトロツキーが主張するように「その旗を決して見捨てたことがなく、敵と決して妥協したことがなく、未来を代表する、唯一の純粋に革命的な潮流を貶めることに関心を抱くこと〔本書一五二頁所収〕などではないのだ。

続く一七年間、トロツキーは叛徒にたいするその敵意を決して捨てはしなかった。ところが彼は論じるのではなく、ゴシップに助けを求めたのだ。彼はこう語っている――

「クロンシュタット――そこでは守備隊は無為無策のまま、しかも必要なものはすべて手にしていた――では、精神的頽廃が放置できない規模にまで達していた。飢餓に瀕したペトログラードの状況がことに困難さを加えたとき、政治局は数度にわたって、未だあらゆる種類の古い物資の蓄えが残されているクロンシュタットにそれらの《内部借款》を申し入れるかどうかを討議した。ところが、ペトログラードの代表は、こう答えたのだ――『彼らからその自発的好意によっては、われわれは何ものも得られないだろう。彼らは衣類、石炭、パンの値上りに投機しているのだ、というのは、クロンシュタットでは、ありとあらゆる旧来の屑どもが再び頭をもちあげてきたからである』と。」〔本書一五八頁所収〕

この《あらゆる種類の古い物資の蓄え》についての論議は、でたらめである。それには三月五日にペトログラード防衛委員会の手でクロンシュタット人民に向けて発せられた「諸君は、降服を余儀なくされるであろう。クロンシュタットにはパンも燃料もないのだ」という最後通牒〔本書五四頁で言及されている〕を想起するだけで十分である。とすれば、いわれているところの古い物資の蓄えは、一体どうなったのであろうか?

この問題については、『クロンシュタット・イズヴェスチヤ』からさらに詳細な情報を入手できる。そこでは、配給証書五および六の呈示による子供たちへの一ポンドの乾燥馬鈴薯の配給について述べられている。三月八日には、四日分として四リットルのからす麦が、そして九日には、小麦粉と乾燥馬鈴薯の粉でつくられた四分の一ポンドの黒ビスケットが配給された。三月一〇日には、金属労働者の地方委員会は、その構成員が受けとる権利をもっている馬肉を市全体の自由裁量下に置くことを決定した。蜂起期間中にはまた、一人あたりブリキ罐一杯のコンデンス・ミルクと、ある場合にはいくばくかの貯蔵肉、そして最後に半ポンドのバター（これは子供たちだけに）が配給されたのである。

これこそ疑問の余地なく、トロツキーの言及した《あらゆる種類の古い物資の蓄え》と称するものなのだ！　彼にしたがえばこうしたものが、ロシアの恐るべき飢餓状態を軽減するため、借用されることになっていたかもしれなかったのだ。われわれは、蜂起以前には、これらの《蓄え》が共産党官吏の手中にあったのであり、かの発案された《借款》は、ひとえにそうした連中の同意いかんにかかっていたのだ、ということをつけ加えるべきであろう。蜂起に参加した一般水兵は、たとえ自らがそう望んだにしても、借款申し入れに反対できるような現実の物資を持ちあわせていなかったのである。《蓄え》にかんする問題——これはクロンシュタットにたいして用いられた他のいくつかの非難についてもその真価をついでながら明らかにしている——はこのへんで打ち切ろう。

真剣な討議のなかに、このような議論を持ち込む（しかも、そうした討議を意図的にスペイン革命についての論争にすりかえる）〔本書一五一頁「クロンシュタットをめぐる非難・弾劾」を参照〕ということは、深刻な欠陥、すなわちボリシェヴィキのあいだにおけるこの問題についての正当な論議の不在をさらけ出している（トロツキーはクロンシュタット鎮圧の中心人物ではない。レーニンと政治局が全作戦を指揮したのである）。労働者反対派もまた、その責任の一端をになわなくてはならない。当時、ロシアに在住していた外国人共産党員の個人的証言によれば、労働者反対派は、叛乱に抗してとられつつあった諸手段に同意してはいなかった。だが、彼らは、クロンシュタットを擁護するためにあえて口を開くこともしなかったのである。第一〇回党大会においても、誰ひとり、叛徒の虐殺に抗議しなかった。著名なソヴィエト中央執行委員会の一員にして労働者反対派の指導者の一人でもある、労働者リトヴィノフ(原註)は、一九二一年三月に、外交上の使命を帯びてベルリンへ派遣(実際には、これは政治的追放の一形式であった)されていた。彼は、こう明言していたのである——

(原註) リトヴィノフは、一九二四年三月、モスクワで自殺した。

「クロンシュタット事件にかんして外国で発表されているニュースは、きわめて誇張されたものである。ソヴィエト政府は、叛徒を粉砕するには十分に強力である。作戦の遅延については、われわれが、クロンシュタットの住民に危害を加えないよう努めているという事実によって説明されるべきなのである。」(『リュマニテ』一九二一年三月一八日付)

トロツキーは叛徒たちにたいして、さらにもうひとつの議論を用いている。彼は、彼らが自らの革命的な過去を利用しようとしているとして非難するのである。これは、反対派に与するあらゆる人びとにとっても、もっとも危険な議論なのである。スターリンが、これと同じ議論をトロツキーおよび古参ボリシェヴィキたちにたいして用いることになる。スターリンが、彼らを、革命のそもそも始めから一貫して国際ブルジョアジーの手先であったと告発したのは、後年になってからのことにすぎない。彼は、〔党内〕闘争の初期の何年間かは、トロツキーが革命にたいして偉大な貢献をなしたことを認めつつも、トロツキーは次第に反革命陣営へと乗り移っていったのだとつけ加えていたのである。人は、現在、なにをなしているかによって裁かれねばならないというのだ。ムッソリーニの例が頻繁に挙げられた。

　とはいっても、トロツキーにとって説明不可能な多くの事柄が存在している。彼は、クロンシュタットおよび赤色艦隊全体がどのようにして政府にたいするそのイデオロギー的な支持を放棄することになったのか説明できない。彼は労働組合問題にかんする論争期間中の艦隊内の共産主義分子の精神状態を説明できない。彼は、第八回全露ソヴィエト大会の選挙期間中の、あるいは蜂起前夜に開催された第二回バルチック艦隊共産党員大会期間中の、彼らの気分を説明することができない。こうしたことこそ、論議が集中されねばならない重要な点なのである。トロツキーが、政府を支持している人間はすべて純粋にプロレタリア的であり先進的であるのに反して、それ以外の人間はすべて農民的反革命を代表していると断言するとき、われわれは彼のそうした主張を裏づける誠実な分析事実を提出するよう彼にもとめる権利を有している。それ以降の事態の展開は、革命が惨憺たる過ちの軌道へとそれていったことを明らかにしたのである。まず最初は妥協し、それから、自己のあらゆる社会的、政治的、精神的獲得物の破壊へと進むといった具合に。それではクロンシュタット叛乱は、ほんとうに、革命を新たな路線に沿って導こうとするひとつの試みを表わしていたのだろうか？　これこそ発せられねばならない、決定的な問いなのである。その他のことは、第二義的なものであり、この重要な問題から派生しているものとみなされるべきである。

たしかにクロンシュタット叛乱の粉砕が、革命の進路にブレーキをかけたのではない。反対に、われわれの見解では、クロンシュタットにたいして用いられ、ロシア全土で広く実行されたかの政治的やり口こそが、社会革命の廃墟のうえに革命本来の思想とはなんら共通性をもたない寡頭政治体制を組みたてることに貢献したのである。(原註)

(原註)　トロツキーは、その不倶戴天の敵との勝ち目のない闘争という悲劇的な事情の下で書かれた遺著のなかで、客観的であるということが、彼にとっていかに大きな努力を払わせたかを示している。次に掲げるのは、彼がクロンシュタットについて述べた個所である――

「偽造を旨とするスターリニストの学派は、ロシア史の分野でこんにち栄えている唯一の学派ではない。事実、それは無知と感傷主義のうえにうちたてられたいくつかの伝説から生存の糧を引き出している。たとえばクロンシュタット、マフノ、その他の革命のエピソードにかんする華やかな伝説がある。これについては、ソヴィエト政府がクロンシュタットでいやいやとった行動は悲劇的な必要事だったと言っておくだけで十分であろう。当然ながら、革命政府は、ペトログラード防衛のための要害を、若干のあやしげなアナキストとエス・エルがそこでひとにぎりの農民と兵士の叛乱を指導しているからというだけの理由で、叛乱をおこした水兵たちに『ゆずりわたす』わけにはいかなかった。マフノやその他の潜在的革命分子の場合でも同様な考慮が働いていた。これらの分子はおそらくは善意をもっていたのだが、決定的に間違った行動に走ったのである。」（トロツキー『スターリン』ホリス・アンド・カーター社、一九四七年。三三七頁。邦訳『スターリン』第二巻五三六頁。合同出版）

ボリシェヴィキの解釈

一九二一年にボリシェヴィキ政府は、クロンシュタットはあらかじめ立案された計画に従って叛乱を起こしたのだ、と主張した。とくにこの見解は、二月一五日付のフランスの新聞（『ル・マタン』『レコー・ド・パリ』）上に発表された記事にその根拠をおいていた。この記事は、蜂起を報じ、その蜂起が協商国によって指導されているという主張に道を開いたのである。

次にあるのは、第一〇回党大会の席上、レーニンが主張しえた議論である――

「ボリシェヴィキから、なにかあいまいな集団への移行、あるいは、ボリシェヴィキよりもほんのすこしばかり右であるか、それどころかボリシェヴィキよりも『左』でもあるかのような、さまざまな毛なみの分子の同盟体への政治的権力の移行――クロンシュタットで権力の奪取を試みた政治的諸グループの総体は、それほどあいまいなものであった。それと同時に、白衛軍の将軍どもが――諸君はみなそれをご存知であるが――ここで大きな役割を演じたことは疑いない。それは完全に立証されている。クロンシュタット事件の二週間まえに、すでに、クロンシュタットで暴動がおきることが、パリの諸新聞にのっていた。(原註)」

（原註）レーニン『選集』ローレンス・アンド・ウィッシャート（一九三七）第九巻、九七頁。（邦訳『全集』第三二巻、一九一頁）

ロシアについての虚偽のニュースの発表はなんら異常なことではなかった。この種のニュースは、クロンシュタット事件の以前にも、最中にも、それ以後にも、発表されていた。世界中のブルジョアジーがロシア革命に敵対しており、ロシアから流れてくるどんな怪しげなニュースでも誇張して発表していたことは、否めない。第二回バルチック艦隊共産党員大会は、艦隊の政治指導部を批判した名高い決議を票決したばかりであった。この事実は、またもや現実と願望とがごたまぜになっているブルジョア新聞によって容易に誇張される破目になったのである。こうした類いの《証拠》に依拠して非難するなどということは、許しがたいことであり、道義に反することである。

一九三八年には、トロツキー自身も、こうした非難を中止せざるをえなくなった。それでもわれわれがすでにとりあげた彼の論文のなかで、彼はその読者にたいして、ジョン・G・ライトというアメリカ人トロツキストによってなされたクロンシュタット叛乱の研究について言及している。『ザ・ニュー・インタナショナル』（一九三八年二月号）に掲載された論文のなかで、ライト氏は新聞が二月一五日に叛乱について報じていたことを考慮にいれたうえで、叛乱は前もって計画されていたにちがいない、という主張をいま一度とりあげているのである。彼の言によれば、「クロンシュタットと反革命との結びつきは、ボリシェヴィズムの敵どもの口を通してだけではなく、動かしがたい事実に立脚して実証されうるのである。」動かしがたい事実とはなんなのか？　またしても……蜂起の以前と最中に虚偽のニュースを流し続けていたブルジョア新聞（『ル・マタン』『ヴォシッシェ・ツァイトゥング』『ザ・タイムズ』）からの引用というわけだ。

　これらの議論が、戦闘の行なわれていた時点では多くは用いられず、何年か後になってからようやく用いられるようになったというのは興味深いことである。もし、ボリシェヴィキ政府がその時点で、いわれているところのクロンシュタットと反革命陣営との関係についての証拠をもっていたとしたら、なぜ政府は公然と叛徒を審問しなかったのか？　なぜ政府は、ロシアの労働者大衆の前に叛乱の《真実の》動機を示さなかったのか？　こうしたことがなされなかったとしたら、それは、そうした証拠が存在しなかったからである。

　もし、新経済政策《ネップ》が時宜を得て導入されていたとしたら蜂起は回避されたであろう、という見方もある。だが、われわれが、ここで明らかにしてきたように、蜂起はあらかじめ立案された計画に従って起こったのではなかった。誰もそれが、必然的に起こるであろうなどとは予知していなかったのだ。われわれは、大衆運動の精確な時機と発展過程についての理論を持ちあわせているわけではないし、それに、一九二一年春に広範に行きわたっていた経済的、政治的諸条件とは異なった諸条件の下では蜂起は決して起こらなかったかもしれない、ということも十分にありうるのである。その一方では、ペトログラードの一大ストライキの波と時を同じくして、重大なストライキ運動が勃発したニジニ・ノヴゴロドの例のように、蜂起が異なった形態をとって異なった地点で起こったということも考えられるのである。艦隊およびクロンシュタットの革命的歴史に関連した特殊な諸条件はたしかに影響をおよぼしはしたが、こうした影響がどれほどの意味を有していたか正確に確定することは不可能である。ほとんど同じことが、「もし、ネップが数カ月早く導入されていたらクロンシュタット叛乱は存在しえなかったであろう」といった意見についても適用されるのである。

たしかにネップは、叛乱者たちがまさに虐殺されつつある最中に宣言された。けれども、このことは、ネップが水兵たちによって提出されていた要求に対応するものであった、ということをいかなる意味においても示すものではない。三月一四日付の『クロンシュタット・イズヴェスチヤ』に、われわれはこの問題について相応しい一節を見い出す。叛乱者たちは、「クロンシュタットは、商業の自由を要求しているのではなく、真実のソヴィエト権力を要求している」と声明していたのだ。ペトログラードのストライキ参加者たちもまた、市場の再開と民兵によって行なわれんとしていた道路封鎖の廃止とを要求していた。だが、彼らも、商業の自由もそれ自体では彼らの問題をなんら解決しはしないだろう、と語っていたのである。

ネップが、強制食糧徴発を現物税にとってかえ、国内における商業を再建したかぎりにおいては、それは、まちがいなく、クロンシュタットおよびストライキ中のペトログラードの労働者の要求のある部分を満足させるものであった。ネップとともに、配給制と勝手気ままな没収は終わりをつげたのである。小〔商品〕所有者たちは、公然と市場で、その商品を売ることができるようになり、大飢饉の影響は減少していった。ネップは、まず第一に重要な安全弁的方策であると思われたのである。

しかしながらネップは、一党独裁によってプロレタリアートと勤労農民とが資本主義的諸力にたいして無防備状態のままに放置されていたまさにその時期に、国内における資本主義的諸要素を解き放ったのであった。「独裁を行なっている階級が、実は、そのもっとも根本的な政治的諸権利を奪われているのだ」と一九二二年に、反対派的共産主義グループ《労働者の真実》は声明していた。他の反対派的潮流《労働者グループ》は、状況を以下のように特徴づけていた――「労働者階級は全的にその諸権利を奪われ、労働組合は官僚の手にあって盲目的な道具と化している。」

こうしたことは、明らかにクロンシュタットの叛乱者たちが要求していたことではなかった！　その反対だったのだ。彼らは、新たな体制において、労働者階級と勤労農民層とに正当な地位を回復させるような方策を提出していたのである。ボリシェヴィキはクロンシュタット綱領のうち重要性のもっとも薄い要求項目（叛乱者の決議では第一一番目にあげられていた！）を履行したにすぎなかった。彼らは、根本的な要求、すなわち労働者民主主義を求める要求は完全に無視しさったのである。

ペトロパヴロフスク決議において提出されていたこの要求は、ユートピア的なものでも危険なものでもなかった。われわれは、この点では、ヴィクトル・セルジュに反対である。『レボルシオン・プロレタリエンヌ』（一九三七年九月一〇日号）上で、セルジュはこう述べている。

「水兵たちは、決死的な戦闘に入ると革命的な純粋さと誠実さとにあふれたものではあったが、あの特定な時点にあってはきわめて危険な要求、すなわち、自由に選出されたソヴィエトという要求を掲げたのであった……彼らは、腐敗堕落を一掃する嵐をまき起こそうと望んでいたのだが、実際にはただ白軍と外国の干渉勢力がつけ入ろうとうかがっている農民的反革命への途を開くことができただけであったろう……叛乱せるクロンシュタットは反革命ではなかった。だが、その勝利は必然的に反革命を招来したにちがいない。」

セルジュの主張とは反対に、われわれは水兵たちの政治的要求が、深い政治の叡智に満ちたものであったと信じている。それらは、いかなる抽象的な理論から導き出されたものでもなく、ロシア人の生活状態についての深甚な自覚から導き出されたものだった。それらは、決して反革命などではなかったのである。

ローザ・ルクセンブルクの見解

偉大な社会主義の闘士として全世界にあまねくその名を知られていた政治家、ローザ・ルクセンブルクが、早くも一九一八年に、ロシア革命の指導における民主主義の欠如について書き記していたことは、想い起こすに価する。

「無制限な出版の自由、絶対的な集会および結社の自由が存在しないところでは、広汎な人民大衆による支配というものは思いもよらない、ということは議論の余地もなく明らかなことである……ボリシェヴィキが、勇気と決意とをもって体当りしていった巨大な課題は、最高度に徹底された大衆の教化と政治的自由なしには不可能な経験の蓄積とを要求しているのだ。政府を支持する者あるいは党員だけに限られた自由などというのは——彼らの数がいかに多数であろうとも——真実の自由ではない。自由とはつねに、思想を異にする人びとについての自由なのである。抽象的な正義への狂信のゆえにそういっているのではなく、政治的自由にあっては、教訓的な、健全な、浄化作用をもつすべてのことどもがこの点にかかっているがゆえに、また、自由というものが特権化するときには政治的自由はその価値を失うがゆえに、そういっているのである……。

われわれはいまだかつて形式的民主主義の祭壇に跪《ひざま》づいたことはない。われわれはつねに、ブルジョア民主主義という政治的形式とその社会的内容との差異を明らかにしてきた。権力を獲得した以後のプロレタリアートが直面している歴史的な任務は、ブルジョア民主主義をプロレタリア民主主義によって置きかえることなのであり、すべての民主主義を廃棄することなのではない……（プロレタリアートの）独裁とは、民主主義を適用する方法に存するのであって、その廃棄に存するのではないのだ。それは階級の行為たるべきものであり、階級の名において物事をとり行なう一握りの少数者の行為であってはならない……もし、国中のすべての政治的生活が、その息の根を止められれば、それは必然的にソヴィエトにおける生活自体を麻痺させることになるにちがいない。総選挙、無制限な出版および集会の自由、自由な論争がないところでは、すべての公共機関における生活は枯渇するであろう――さもなければ、官僚制だけが活動的要素であるといったごまかしの生活となるのがせいぜいであろう。」（「ロシア革命論」邦訳『ローザ・ルクセンブルク選集』第四巻、二二六―二六四頁、現代思潮社）

われわれは、ローザ・ルクセンブルクがその民主主義の必要性についての論考のなかで、クロッシュタットの叛乱者たちよりもはるかに突っこんだ見解をもっていたことを示すために、以上のような引用を行なってきた。クロンシュタットは民主主義についてはプロレタリアートと勤労農民層の利益にかかわる問題に限定して解釈していた。そのうえ、ローザ・ルクセンブルクが内戦たけなわの一九一八年にそのロシア革命批判を定式化したのにたいして、ペトロパヴロフスク決議は、そうした武装闘争が事実上終結した時点で採択されたのであった。

彼女の批判を根拠に、ローザが国際ブルジョアジーと共謀していたなどと非難しようとするものが一体いるであろうか？　では何故にクロンシュタット水兵たちの要求は、《危険なもの》あるいは必然的に反革命を招来するものとして弾劾されねばならないのか？　その後に続く事態の展開は、クロンシュタット叛乱者およびローザ・ルクセンブルクが正しかったことを立証してあまりあるものではなかったのか？　ローザが労働者階級の任務は労働者階級による権力の行使なのであって、ひとつの党派や徒党による独裁ではないと断言したとき、彼女は正しくはなかったのか？　ローザ・ルクセンブルクにあっては、労働者階級の権力とは「まったき民主主義の下で、人民大衆のもっとも積極的な、かつ、無制限な参加を得て、最大限にたたかわされた広汎な議論を通じて獲得されるもの」と定義されていたのであった。

第三ソヴィエト革命

クロンシュタットの叛乱者たちがその民主主義的諸要求を提出した際、彼らは、おそらく、ローザ・ルクセンブルクの著作にかんしては、耳にしたこともなかったであろう。とはいえ、彼らは第五回全露ソヴィエト大会で一九一八年七月一〇日に採択されたソヴィエト共和国第一憲法のことは聞き知っていた。その憲法の第一三、第一四、第一五それに第一六条は、すべての労働者にたいして民主主義的諸権利（信教の自由、集会の自由、結社の自由、出版の自由）を疑いもなく保障していたのである。これらの条項は、特別な権限をいかなる特定のグループあるいは党派にたいしても付与することのないよう配慮されていた（第二二条および第二三条）。

この同じ憲法は、第六四条および第六五条に規定されている条件を満たすかぎり、すなわち、他人の労働を搾取したり自己の得た報酬以外の収入で生活したりしないかぎり、なんぴとといえども選挙する権利や立候補する権利を奪われることはありえない、と宣言していた。クロンシュタット蜂起の中心的要求――全権力を（党へではなく）ソヴィエトへ――は、実際には、憲法の条文に依拠していたのであった。この要求は、いまよりのち、すべての中央ならびに地方的権力はソヴィエトの手にしっかりと握られるであろう、ということを明らかに示すものだったのだ！　この憲法は、そもそものはじまりよりボリシェヴィキの手で踏みにじられた、というよりはむしろその条項が一度も実施されることはなかったといった方がよい。ローザ・ルクセンブルクの批判はこの新たな憲章が採択されたわずか数カ月後になされたのだ、ということが想起されてしかるべきである。水兵たちが、すでに一九一八年の時点で彼らが獲得していた諸権利を誠実に通用するよう一九二一年に主張せねばならなかったとき、彼らは《反革命派》と呼ばれたうえ、《国際ブルジョアジーの手先き》として弾劾されたのであった。一六年たった後でさえ、ヴィクトル・セルジュは、叛乱者の諸要求は必然的に反革命を招来することになったであろう、などと語りえたのである。こうしたことどもは、民主主義の危険性を案じるボリシェヴィキの姿勢が、どれほど深く進行していたかを明らかにしているのだ。

ソヴィエト共和国の基本法は、一〇月革命における理念の法的な集約とでもいうべきものをなしえていた。内戦の末期頃までには、こうした考えは大幅に後退させられてしまっていたので、それらを復権させ日常的生活のなかに生かしめるため、第三革命といったものが必要とされるにいたったのである。これこそ、クロンシュタットの叛乱者が第三革命について語る場合に彼らが意味していたことであった。三月八日付『クロンシュタット・イズヴェスチヤ』上で彼らは、こう書き記していた――「クロンシュタットでは、第三革命の礎石はすでに敷かれている。この革命は、未だに労働者大衆を縛りつけている最後の鉄鎖を打ち砕き、社会主義的創造への新たな途を切り拓くであろう。」

民主主義的方法によって一〇月の獲得物を救済することが可能だったのかどうか、われわれにわかっているわけではない。われわれは、国内の経済的情勢ならびにそれがもっている著しく農民的な性格が社会主義を建設するという未踏の企てに本当に適していたのかどうかもわかってはいない。こうした問題は、検討されるべきであろう。だが、真実を追求する者の任務とは、一切の粉飾をほどこさずに事実を明確に述べることにある。歴史的事象をうまく言い逃れるために傲慢な科学的態度をとるだけでは十分とはいえないのだ。

トロツキーは、ソヴィエト国家の公共機関におけるすべての現実的生活の息の根を止めてしまった官僚主義の発達を解明しようとしたとき、きわめて安易に自己の考えの大要を展開していた。彼は、『裏切られた革命』のなかでその〔官僚主義の〕主要な原因のひとつは、除隊した赤軍将校たちが地方ソヴィエトにおいて指導的地位を占有するようになり、プロレタリアートが延々とうち続く革命的動乱に疲弊しきっていたまさにそのときに、軍隊的方法を地方ソヴィエトへ導入したという事実にある、と述べている。このことは、明らかに官僚主義発生を招くものではあった。だが、トロツキーは、彼自らがどれほどこうした方法をそのまま労働組合へ導入しようと試みたかを思い出したくはないのだ。それは、プロレタリアートにそれ以上の労苦を免れさせるようなものであっただろうか？　それにもし、プロレタリアートがそのように疲弊しきっていたとしたら、どうして彼らはもっとも激しく工業化された、最大規模の諸都市で完璧な事実上のゼネラル・ストライキをなおもたたかうことができたのであろうか？　さらにもし、党が依然として真に社会革命を推進する力であったとしたら、どうして党は、労働者が帝国主義戦争の三年間とそれに続く内戦の三年間とによってそのエネルギーを消耗させられてしまっているときに彼らを打ち倒すようなことをする代わりに、いまだ発生期にありながらもすでに強力なものとなっていた官僚主義に抗するプロレタリアートの闘争を支援しようとしなかったのであろうか？

何故、共産党は自己を権威主義的国家と一体化させてしまったのであろうか？　党はもはや革命性を喪失していた、というのがその解答である。党はもはやプロレタリア的でなくなっていたのだ。そして、まさしくこのことこそが、クロンシュタットの人びとが党を非難していた所以であった。彼らの功績は、一九二一年という時点——そのときには状況を変革することがなお可能であったろう——にこうしたことすべてについて語ったのであって、一五年もたって敗北が取りかえしのつかないものとなってしまうまで待機しはしなかった、という点にあるのだ。

官僚主義は、ロシアにおいてはほとんど遺伝的なまでに刻印されており、ロシアという国自体と同じくらい古い歴史をもっている。権力の座についたボリシェヴィキは、ツァーリの官僚制度そのものを受け継いだのみならず、その精神や雰囲気までをそっくり受け継いでいた。彼らは、この国家が経済的課題を遂行するために自らの機能を拡大し、また、あらゆる自然の富とか産業の所有者となってゆくに従って、官僚主義的気分の復活、さらにはその急激な発達というさしせまった危険が生じてくる、ということを認識すべきであったのだ。

悪性遺伝をもった患者を治療する医者というものは、そのことを考慮して、一定の予防策を勧めるものである。ボリシェヴィキは、革命のまさに最初の数年のうちに顕著となってきた官僚主義的傾向と闘争するため、一体いかなる予防策を講じたのであろうか？　そうした全体的気分を吹き飛ばすための強力な民主主義という換気装置を認め、労働者大衆によって行なわれるべき容赦のないかつ効果的な監督を奨励する以外に、彼らは一体いかなる方策を用いることができたというのであろうか？

たしかに、ある種の監督方法が考えられてはいた。問題は、労農監督人民委員部が、その権力を揑こうとしている当の同じ官僚主義者にこうした監督作業を委任せざるをえなかった、という点にあった。こうした官僚主義化を生み出した諸因を見い出すことは、さほど困難なことではない。それは、絶対主義および官僚主義的路線に従って自己を組織した単一党によって支配され管理される国家、というボリシェヴィキの観念のなかに深く根をはっていたのである。これらの諸因は、当然にも、ロシア固有の官僚主義的伝統によって、一層悪質なものと化していた。

革命の敗北とその官僚主義的体制への堕落とを農民の罪に帰するのは、誤りである。ロシアのかかえていた困難さのすべてを、その経済の農業的性格から説明しようとするのは、あまりにも安易にすぎるであろう。官僚主義に抗するクロンシュタット叛乱は農民叛乱であったという議論と、官僚主義そのものは農民にその起源を発しているという議論とがまったく同時的になされているようである。農民層の役割をそのように考えるとすれば、ボリシェヴィキはどうして社会主義革命の思想をあえて唱えたのか、と問うことも可能であろう。どうしてボリシェヴィキは、農業国において社会主義革命のため闘争を強行したのであろうか？　と。

ボリシェヴィキは、間近にせまった世界革命――彼らは自己をその前衛とみなしていた――を待望していたがゆえにそうした行動〔クロンシュタットの弾圧のような〕を自らに許容したのだ、と主張する者がいる。だが、他国における革命というものは、ロシア革命の精神から影響を受けずにすんだであろうか？　全世界にあまねく行きわたっているロシア革命の巨大な精神的威信を考慮に入れる際、この革命の逸脱が終局的には他の諸国に傷痕を残すことになったのではないか、と問うこともできよう。多くの歴史的事実は、こうした判断を正しいとしている。一国における純粋な社会主義建設の不可能性についてはこれを認めてよいであろう。だがしかし、ボリシェヴィキ体制の官僚主義的奇形児化が他の諸国における革命から吹き寄せる風によって矯正されるものであったかどうかについては、なお疑問が残るのである。

ドイツのような国におけるファシストの経験は、高度の資本主義的発展段階というものが、絶対主義的、専制主義的傾向の生長にたいする十分な保証とはならない、ということを示している。この場では、こうした現象〔ファシズム〕を解明するわけにはいかないが、経済的先進諸国から押し寄せ、古い思想と伝統とを巻き込み蘇生させようとしている権威主義の強力な波には、注意せねばならないだろう。ボリシェヴィズムが、この絶対主義的風潮と精神的に縁続きであるということは、争う余地がない。それは、事実その後に続く諸々の動きにたいして先例をつくったのである。ロシア革命を手本にしてどこかで別の革命が起こったとしたらボリシェヴィズムは自己を解体して民主主義的になったであろう、などとは、誰にも確信できはしない。ボリシェヴィズムは、さらにその絶対主義的相貌を暴露することになったにちがいないのだ。

民主主義的方向性のなかには、現実の危険は存在していなかったのであろうか？　民主主義が野放しにされたと仮定した場合、ソヴィエト内にあらわれる改良主義的影響を懸念するといった意見はなかったのであろうか？　われわれは、まさにそのことが現実的な危険性であったことを認めよう。だが、その危険性は、スターリンをすでに書記長にいただいていた単一党の無制限の独裁から必然的に導びかれたことどもにくらべれば、とるに足りないものであったのだ。(原註)

(原註)　イダ・メットは、彼女が述べていることがらが起こった時期にスターリンが党書記長であったかのごとく語っているが、これは誤りである。書記長というポストの設置――そして、スターリンのそのポストへの就任（偶然にもレーニンとトロツキーの二人によって賛成された）――は、一九二二年になって行なわれたのである。（『ソリダリティ』編集部）

ロシアは、にっちもさっちも行かないぎりぎりのところにきており、それに対抗する能力を喪失してしまっていたのだ、ということがいわれている。事実、この国は戦争に倦み疲れていた。けれども他方ではこの国は、熱烈に学び、自らを教育しようと努める建設的な力に満ち満ちていたのである。内戦が終了するや、労働者や農民が学校や勤労者大学、あるいは技術教育専門学校へと殺到する光景がみうけられた。この情熱こそ、これらの階級の活力とねばり強さとを、もっともよく証明するものではなかったろうか？　文盲率のきわめて高い国においては、そうした教育は、労働者階級が真の権力を誠実に行使してゆくうえで偉大な貢献をなしえたことであろう。しかしながら、独裁制というものはその本質からして、人民の創造的能力を破壊するものである。労働者を教育しようとする政府の明らかな努力にもかかわらず、教育は、まもなく、支配的な党派に忠実な党員だけの特権となっていった。一九二一年以降、労働者教授団や高等教育施設からは、そのすぐれて無党派的自立的人びとが追放されていた。この過程は、党内における反対派的諸潮流の発達とテンポを一にして進行したのである。真実の大衆教育を目ざす試みは、ますますもって妥協をせまられていった。料理人個人といえども国家を管理できるようになるべきである、というレーニンの希望は、ますます実現の可能性から遠ざかっていったのであった。

革命的獲得物は、大衆による真の参加を通じてのみ深められるものである。これら大衆を《精鋭《エリート》》で置きかえようとするようないかなる企ても、ただ重大な反革命となりうるにすぎない。

＊＊＊

一九二一年に、ロシア革命はその岐路に立たされていた。民主主義への途か、独裁への途か、それが問題だった。ボリシェヴィキは、ブルジョア民主主義とプロレタリア民主主義とをひとからげにすることによって、事実上その双方を非難していた。彼らは、革命総司令部の巧妙な策動《マヌーバー》を通じて上から社会主義を建設しようと努めていた。彼らは、世界革命——間近にせまっていたわけではない——を待望する一方で、国家資本主義社会をうち樹てた。が、そこでは労働者階級は、もはや自己にもっとも密接にかかわる決定をなす権利をもってはいなかったのである。クロンシュタット叛乱がこうした画策にたいする挑戦であることを了解していたのは、レーニン一人ではなかった。彼もボリシェヴィキも双方ともに、危険にさらされているのが彼らの党による独占権であることを十分に承知していた。クロンシュタットは、党の権力とは両立しない真のプロレタリア民主主義への途を切り拓くことになったであろう。そのゆえにこそレーニンは、クロンシュタットを絶滅させる方をむしろ選んだのだ。彼は、卑劣ではあるが確実なやり方、すなわち、クロンシュタットはブルジョアジーおよび農民反革命と同盟しているといった中傷を採用したのであった。

バルチック艦隊付政治委員クズミンが、三月二日のクロンシュタット集会の席上で、ボリシェヴィキはたたかうことなく権力を譲渡しはしないと語ったとき、彼は真実を述べていたのであった。レーニンは、この明らかにボリシェヴィキ的道徳と戦術とを理解していない政治委員を嘲笑したにちがいない。人はその敵にたいしては、実際に議論を尽くして説得するのではなく、政治的にも精神的にもそれを絶滅させねばならない。そして、自らの革命的な敵を絶滅することこそ、まさしくボリシェヴィキ政府が実行したことなのであった。

クロンシュタットの叛乱者たちは、無色無定形の大衆であった。だが、そのような大衆が、ときたま信じられないほどの政治的覚醒を示すことがあるのだ。かりに彼らのなかに若干の《高度の》政治的分別を有する人びとが存在したとしたら、あの蜂起は決して起こらなかったといってもよい、というのも、こうした人びとは、まず第一に叛乱者の要求がクレムリンの政策と最悪の衝突を引き起こすものであること、第二に当時のあの時点においては政府は十分強固に権力を掌握しており自己の見解や計画に本気で敵対しようとするいかなる傾向をも冷酷無情に打ち倒せると自信をもっていること、を理解していたであろうからである。

クロンシュタットの人びとは、誠実ではあったが、純真にすぎた。自己の運動の正しさを信ずるあまり、その敵の策略を見通せなかったのだ。彼らは、他の諸地域――彼らはそこの人びとの要求をも彼らが代弁していることを知っていた――からの支援を待っていた。しかし彼らは、他の諸地域が、もはや人民にたいして希望を自由に表現することも制度を自由に選択することも許さない独裁制の鉄の拳のなかにすでに握りしめられている、という事実を忘れさっていたのである。

《現実主義者》と《夢想家》、《科学的社会主義者》と《革命的ヴォルニッツァ》（原註）とのあいだの巨大な思想的、政治的論争は、武器を手にしてその勝敗が争われた。それは一九二一年に、《夢想家》の政治的、軍事的敗北をもって終わった。しかしながら、この敗北が同時に地上の六分の一以上にまたがる社会主義の敗北でもあったということを、スターリンは全世界に向けて証明することとなったのであった。

（原註）「自由参加の集会」〔Вольница――モスクワ公国時代自由を求めてたたかった脱走農民の集団。その伝統はウクライナにおいて自由生活者の象徴として生きつづけた。〕

クロンシュタット論——レオン・トロツキー

ヴェンデリン・トマスの問いかけ

次の手紙は、ヴェンデリン・トマスから著者にあてられた質問にたいする回答として書かれたものである。トマスは、ボリシェヴィズムとスターリニズムのあいだには基本的な共通性があり、それは、内戦時代にメンシェヴィキ、クロンシュタットの叛乱者やウクライナの独立マフノ部隊のような敵対者にレーニンが示した態度に表われている、と論じている。トマスはドイツ国会の前共産党代議士で、いまはモスクワ裁判調査国際委員会の一員である。

——編集者

尊敬する同志へ。

貴兄の私にたいする質問は、ニューヨーク委員会の調査に直接の関係はなく、したがって委員会の結論に影響するものではないと考える。しかしながら私は、貴兄の質問に関心を持っているすべての人びとに私の本当の見解を知らせるために喜んで回答したいと思う。

「目的は手段を正当化する」

「目的は手段を正当化する」――他の多くの人びとと同様に、貴兄もこの原理に悪の根源があると見ている。この原理は、それ自体非常に抽象的かつ合理的なものである。この原理は、大変多様な解釈を許すものなのだ。だが私は、唯物論的かつ弁証法的に――この原理の弁護を喜んで引き受けよう。しかり、私は手段というものはそれ自体では善でも悪でもないし、何か絶対的な超歴史的な原理と関係があるとも思わない。自然にたいする人間の力の優位、人を支配する人間の権力の拒否をもたらすような手段は善である。このように広い歴史的な意味からすれば、手段は目的によってのみ正当化されるものである。

しかし、このことは、もし《目的》に導くものでさえあれば虚偽や奸計、背信といったことがすべて認められ正当化される、ということを意味しはしないだろうか？　すべては目的の性質いかんにかかっているのだ。もし目的が人類の解放であるならば、虚偽や背信、奸計といったものはどう見てもそれに相応しい手段ではありえないだろう。エピキュリアンたちは、その敵対者に彼らの弁護する《幸福》は豚の理想に堕している、と非難されたことがある。これにたいしてエピキュリアンたちは、根拠のないことではないが、敵対者たちは幸福を……豚のやり方で理解していると応じたのである。

貴兄は、革命党はその敵対者たちを大衆の目に憎ませ軽蔑させる《権利》を持つ、というレーニンの言葉を引用されている。この発言のうちに、貴兄は非道徳主義の原理的な弁護を見ているようだ。だが貴兄は、政治的な陣営が高邁な道徳の代表者である場合があることを指摘し忘れているのだ。私の観察では、政治闘争は一般に誇張、歪曲、虚偽や中傷を広く利用するものである。革命家たちは、つねにもっとも中傷される存在なのだ——マルクス、エンゲルスや彼らの友人たちの生きた時代——後にはボリシェヴィキ、カール・リープクネヒトとローザ・ルクセンブルク——そして現在ではトロツキストたち。有産者たちの革命への憎しみ、小ブルジョアジーのぼんやりした保守主義、労働官僚の物質的関心——これらすべての要因が結びついて、革命的マルクス主義者を猟犬のように追い立てている。諸兄らも同様なのだ。中傷者たちは、マルクス主義者たちの非道徳主義に腹を立てて見せることを忘れない。この偽善的な立腹は、階級闘争の武器に他ならないのだ。

レーニンの立場

貴兄の引用された言葉によれば、レーニンは、メンシェヴィキをもはやプロレタリアの闘士と考えないとひとえに言いたかったのであり、彼らを労働者の目に憎むべきものと映させようとした、ということになる。レーニンは、自分の考えを彼独得の情熱をこめて表現したため、曖昧で不当な解釈を許す道を開いた。だが私は、レーニンの全著作と生涯の仕事を通じて、この不屈の闘士はもっとも誠実な敵対者であったと断言する。というのは、誇張や極端な表現にもかかわらず、彼はつねに大衆にあるがままの姿を知らせようと苦心していたからなのだ。改良主義者のレーニンにたいするたたかいは、これとは反対に、普遍的真理の見せかけのもとに、偽善、虚偽、奸計、でっち上げに満ちたものであった。

一九二一年のクロンシュタット蜂起にたいする貴兄の評価は、基本的に誤まっている。最良のもっとも献身的な水兵たちは、完全にクロンシュタットから引き揚げられ、全国にわたる前線と地方ソヴィエトで重要な役割を果たしていた。残っていたのは「われわれはクロンシュタット出身だ」という法外なうぬぼれに満ちた灰色の群衆で、政治的教育もなければ革命に犠牲を払う覚悟も持ち合わせていなかったのだ。国全体が飢えていたというのに、クロンシュタットの連中は特典を要求していた。叛乱は、特権的な食糧割当を得ようとする欲望に支配されていたのである。水兵たちは、大砲と戦艦を持っていた。ロシアのみならず外国でも、すべての反動的分子がすぐさまこの蜂起に飛びついた。反革命派亡命者たちは、叛徒への援助を要請していた。水兵たちが頭の中で抱いていた理想とはまったく無関係に、この蜂起の勝利は反革命の勝利以外の何ものをももたらすことはできなかった。だが、そうした理想自体も深刻に反革命的なものだったのである。彼らの理想は、後進的農民の労働者にたいする敵意、《民間人の》

ペトログラードにたいする兵士や水兵のうぬぼれ、革命的規律にたいする小ブルジョアの嫌悪を反映していた。この運動はそれゆえ、反革命的な性格を持っており、叛徒たちが要塞の武器を握っていた以上、武器の行使によってのみ彼らを粉砕することができたのである。

貴兄のマフノにたいする評価も、さらに誤謬に満ちたものだ。本質的にマフノは、狂信者と冒険家の混合物だった。彼は、クロンシュタット蜂起をもたらしたのとまさに同じ傾向の集中的表現となったのだ。騎兵隊は、たいがい軍隊のもっとも反動的な部分である。馬に乗る人間は、歩行者を蔑視する。マフノは、自分自身の持馬を使用できる農民からなる騎兵隊をつくりあげた。彼らは、一〇月革命が最初に目覚めさせた押しひしがれた貧乏百姓ではなく、自分たちの財産を失うのを恐れていた強い肥え太った農民だったのだ。アナキストのマフノ観（国家の無視、中央集権の否定）は、なにものにもましてこの富農の騎兵隊の精神に対応していた。さらに、マフノの追随者たちの都市および都市労働者にたいする憎しみは、戦闘的な反ユダヤ主義で補強されていたこともあげねばならぬ。われわれがデニキンとウランゲリにたいして死にもの狂いのたたかいを続けていたまさにその時期に、マフノ主義者どもは、勝手な政策を実行しようとしたのだ。馬を急がせながらこの小ブルジョア（富農）は、自己の矛盾した考えを一方では資本家たちに、他方では労働者たちに命令できると考えていたのである。この富農は武装していたので、武装解除せざるをえなかった。これがまさに、われわれの行なったことなのだ。

スターリンとボリシェヴィキ

貴兄は、スターリンの偽造はボリシェヴィキの《非道徳主義》に端を発している、と結論づけようとしているが、これは根本的に間違っている。革命が抑圧された大衆の解放のためにたたかわれていた時期には、すべての事柄はその正しい名で呼ばれ、偽造の必要はさらさらなかった。組織的な偽造は、スターリニスト官僚が少数者の特権のためにたたかっているために、その目的を隠蔽せざるをえないという事実から生じてきている。貴兄は、歴史発展の物質的諸条件に説明を求めないで《原罪》の理論をつくり出す。これは教会向きではあるが社会主義共和国向きではない。

敬具

L・トロツキー

一九三七年七月六日　コヨアカンにて

クロンシュタットをめぐる非難・弾劾

告発者たちの《人民戦線》

クロンシュタットをめぐるキャンペーンがあちこちのグループで執拗に続けられている。人はクロンシュタット叛乱が一七年前ではなく、ほんの昨日の出来事でもあるかのように思いなすことであろう。まるっきり同じスローガンの下に、いずれ劣らぬ熱心さでこのキャンペーンに加わっているのは、アナキスト、ロシア・メンシェヴィキ、ロンドン・ビューロー派の左翼社会民主主義者、あれこれの俗物ども、ミリューコフの新聞、そしてときには大ブルジョア新聞などである。ご立派な《人民戦線》だ！

ほんの昨日のこと、反動的カトリックで同時に《民主主義的》なメキシコの週刊誌で、こんな記事に出くわしたところである――「トロツキーは一五〇〇人（？）のもっとも純粋なクロンシュタット水兵の射殺を命じた。権力の座にあったときの彼の政策は、スターリンの現在の政策とちっとも変わらない」。周知のように、アナキスト左派は同じ結論を引き出している。ニューヨーク調査委員会のメンバーであるヴェンデリン・トマスの質問にたいして、私が新聞紙上で初めて簡単な回答をしたとき、ロシア・メンシェヴィキの機関紙がすぐさまクロンシュタット水兵と……ヴェンデリン・トマスの弁護に駆けつけた。ミリューコフの新聞も同じ気持ちで進み出た。アナキストはさらにすごい勢いで私を攻撃した。これらの権威者たちは皆、私の回答はまったく価値がないものだと主張している。アナキストがクロンシュタットを象徴として真の反国家的共産主義を弁護し、メンシェヴィキがクロンシュタット蜂起に際して公然と資本主義の復活を擁護し、ミリューコフがいまなお資本主義を代弁していることを考えあわせれば、こうした異口同音の主張は実に注目に価する。

クロンシュタット蜂起が、何故にアナキスト、メンシェヴィキ、そして《自由主義的》反革命派に、まったく同時に痛みを感じさせることができるのだろうか？　答えは簡単だ——こうした連中は皆、その旗を決して見捨てたことがなく、敵と決して妥協したことがなく、未来を代表する、唯一の純粋に革命的な潮流を貶めることに関心を抱いているのだ。私のクロンシュタットにかんする《犯罪》を今頃になって非難する連中のなかに、かつての革命家もしくは半革命家——綱領も原則も喪失し、第二インタナショナルの堕落やスペインのアナキストの裏切りから目をそらさせることが必要だと考えている人びと——が、かくも多いのはこのためなのである。いまのところは、スターリニストはクロンシュタットをめぐるキャンペーンに公然と加わることはできないでいるが、もちろん揉み手して喜んでいる——攻撃が直接的に《トロツキスト》にたいして、革命的マルクス主義にたいして、第四インタナショナルにたいして向けられているからである！

こうした多彩な友情に結ばれた諸氏が、とりわけクロンシュタットに焦点を合わせているのは何故だろうか？　革命の時期には、われわれはコサック、農民、さらにある種の労働者層（ウラル地方出身のあるいくつかの労働者グループなどは、コルチャック軍の義勇兵連隊を組織していた！）とさえ、しばしば交戦した。こうした衝突の主な原因は、消費者である労働者と生産者でありパンの売手である農民とのあいだの敵意だった。必要と窮迫に迫られ、労働者自身が、農村との絆の強弱に応じて、ときどきに相敵対する陣営へと分断させられた。赤軍もまた、農村の影響の下におかれていた。内戦の期間中、一度ならず不平を鳴らす連隊を武装解除しなければならなかった。《新経済政策》（N・E・P）の導入は、軋轢を和らげはしたが、それを除去するには程遠かった。反対にそれは、富農層の再生をもたらし、この期間の初期には、農村における新たな内戦への道を開いたのである。クロンシュタット蜂起は、プロレタリア的都市と小ブルジョア的農村との関係の歴史における一エピソードにすぎない。このエピソードは、革命の時期における階級闘争の発展の全的過程との関連においてのみ理解することができるのである。

クロンシュタットが他の一連の小ブルジョア的運動や蜂起と異なるのは、ひとえにその外部に与えた影響の大きさによる。ここで起こる問題は、ペトログラード自体の足下にある海軍要塞を巻き込んでいたのだ。蜂起の期間を通じて声明が次々に出され、ラジオによる宣伝が行なわれた。社会革命党員とアナキストたちは、ペトログラードから駆けつけ、蜂起を《気高い》

言葉や態度で飾り立てた。これらの足跡は、すべて印刷物のかたちで残されている。これらの《文書による》資料（すなわち偽の標語）をもとに、クロンシュタットについての伝説をでっちあげることは困難なことではない――一九一七年にはクロンシュタットの名は革命的な後光に取り囲まれていたのだから、それはますます崇高なものとなる。先に引用したメキシコの雑誌が、クロンシュタットの水兵たちを《もっとも純粋な人びと》と皮肉たっぷりに呼んだのは偶然ではない。

クロンシュタットの革命的権威にかんするお芝居は、このまったくいんちきなキャンペーンの際立った特徴の一つである。アナキスト、メンシェヴィキ、自由主義者、反動主義者は、この事件を、あたかも一九二一年の初頭にボリシェヴィキが、一〇月蜂起の勝利を保証した他ならぬあのクロンシュタットの水兵にたいして武器を向けたかのように考えさせようとしているのだ。これが、その後に続く他のすべての虚偽の出発点なのである。こうした虚偽をひきはがそうと思う人は、ぜひ『ザ・ニュー・インタナショナル』（一九三八年二月号）に掲載されている同志J・B・ライトの論文を読むべきだ。私の問題はこれとは別のことである――私は、クロンシュタット叛乱のもつ位相をもっと全般的な観点から述べてみたいと思う。

クロンシュタットにおける社会的政治的諸集団

革命というものは、直接的には少数者によって《なし遂げられる》。しかしながら、革命の成功は、この少数者が多かれ少なかれ多数者の支持を得るか、少なくとも好意的中立を得られる場合にのみ可能である。革命から反革命へ、といった革命の局面の推移は、少数者と多数者の、また前衛と階級とのあいだの不断に変化していく政治的諸関係によって直接的に規定される。

クロンシュタット水兵のあいだには三つの政治的層があった――プロレタリアの革命派、厳粛な経験と訓練を持つ者もいた――中間的な多数派、主として農民出身――そして最後に、反動主義者、つまり富農、商店主、僧侶の子弟たち。ツァーリの時代には、戦艦の上や要塞内での規律は、将校たちが下士官や水兵の反動的部分を通じて広汎な中間層を彼らの影響力もしくは脅威《テロル》の下におき、革命派――主として機関兵、砲兵、電気技術兵、すなわちもっぱら都市労働者である――を孤立させている限りにおいて維持することができた。

一九〇五年の戦艦ポチョムキン号の叛乱の過程は、まったくこれらの三つの層のあいだの諸関係すなわち、多数を占めている中間農民層への影響力をめぐるプロレタリア派と小ブルジョア反動派という両極端の闘争にもとづいていた。艦隊におけるすべての革命運動に一貫して流れているこの問題を理解していない者は、ロシア革命全般の諸問題にかんしては口をはさまぬことだ。というのもそれは、現在においても未だ大いにあてはまるのであるが、完全に農民層にたいする影響力を獲得しようとするプロレタリアートとブルジョアジーのたたかいだからである。ソヴィエトの時代には、ブルジョアジーは主として富農（すなわち小ブルジョアジーの最上層部)、《社会主義的》インテリゲンチャ、の装いで現われた。そして現在は《共産党員》官僚の装いをこらしている。これらがすべての局面における革命の基本的なメカニズムである。艦隊の中ではそれがさらに集中的な、したがって劇的な表現をとったのである。

クロンシュタット・ソヴィエトの政治的構成は、守備隊と艦隊乗組員の構成を反映していた。ソヴィエトの主導権は、一九一七年夏にはすでにボリシェヴィキ党に属していた。党は水兵のより良質な部分に依拠し、その隊伍の中に重労働監獄から解放された多くの地下運動出身の革命家たちを擁していた。しかし私は、一〇月蜂起の時期においてさえもボリシェヴィキはクロンシュタット・ソヴィエトの半数以下にとどまっていたことを思い起こす。エス・エルとアナキストが多数を占めていたのだ。クロンシュタットには、メンシェヴィキは全然いなかった。メンシェヴィキ党は、クロンシュタットを憎んでいた。当然のことながら正統派のエス・エルは、まったく同様な態度を示していた。クロンシュタットのエス・エルは、急速にケレンスキーへの反対に踏み切り、いわゆる《左翼》エス・エルの精鋭部隊の一つを形成した。彼らは、戦艦と沿岸守備隊の農民部分を基礎としていた。アナキストについていえば、彼らはもっとも雑多な集団だった。彼らの中には、ズークやゼェレズニアコフのような真の革命家がいたが、これらはもっともボリシェヴィキと緊密に結びついている部分だったのである。クロンシュタット・《アナキスト》の大部分は、都市の小ブルジョアジーを代表しており、エス・エルよりも低い革命的水準に立っていた。ソヴィエトの議長は無党派で、《アナキストのシンパ》で、本質的には、かつてはツァーリの権威に従順でいまは……革命に従順な温和な小事務員であった。メンシェヴィキの完全な不在、エス・エルの《左翼的》性格、そしてアナキストの小ブルジョア的色彩は、戦艦での革命的闘争の熾烈さと水兵のプロレタリア的部分の圧倒的な影響にもとづいていたのである。

内戦期における変化

クロンシュタットのこの社会的・政治的性格づけ――お望みならば多くの事実と文言で立証し例証することができるが――は、内戦の時期にクロンシュタットで起きた激動を解明するのにすでに十分である。そしてその激動の結果、クロンシュタットの相貌はすっかり変わってしまった。時期はずれの告発者たちが無知あるいは悪意のゆえに一言も触れていないのは、まさに問題のこの重要な局面なのである。

たしかに、クロンシュタットは革命の歴史に英雄的な一頁を記した。しかし内戦は、クロンシュタットと全バルチック艦隊の人間の数を系統的に減少させ始めた。すでに一〇月蜂起の際には、クロンシュタット水兵の分遣隊がモスクワを救援するために派遣されつつあった。また他の分遣隊は、ドンやウクライナ地方に食糧の徴発と地方権力の組織化のために送られた。はじめのうちは、クロンシュタットは無尽蔵であるかのように思われた。私は、ペトログラードの労働者とバルチック艦隊の水兵からなる新規の《信頼できる》部隊の派遣をあちこちの前線から何十回となく打電した。しかしながら、一九一八年、遅くとも一九一九年までにはすでに前線は、《クロンシュタット》の新しい部隊は、不完全で、骨が折れ、訓練されておらず、戦闘においては信頼できず、有害無益であると不満の声をあげ始めた。ユデニッチの掃討（一九一九年の冬）のあとでは、バルチック艦隊とクロンシュタット守備隊は、そのすべての革命的部隊を取り去られていた。使用に耐えうるすべての部分は、南方の対デニキン戦に投入された。一九一七―一九一八年にかけてはクロンシュタット水兵は赤軍の平均よりもかなり高い水準にあり、多くの地方でソヴィエト体制の骨組みと同様初期の分遣隊の骨組みを形成していた。それにひきかえ、一九二一年の初頭まで内戦のどの前線にも使えず《平和》なクロンシュタットに残されていた水兵は、この時期には赤軍の平均よりも低い水準にあり、派手なラッパ・ズボンをはいてスポーティな髪型をした、まったくやる気のない連中を大勢かかえていた。

飢餓と投機による士気の弛緩は、内戦の終わり頃には全般的に蔓延していた。いわゆる《担ぎ屋》（小投機師たち）は社会的病菌となり革命を窒息させようとしていた。クロンシュタット――そこでは守備隊は無為無策のまま、しかも必要なものはすべて手にしていた――では、精神的頽廃が放置できない規模にまで達していた。飢餓に瀕したペトログラードの状況がことに困難さを加えたとき、政治局は数度にわたって、未だあらゆる種類の古い物資の蓄えが残されているクロンシュタットにそれらの《内部借款》を申し入れるかどうかを討議した。ところが、ペトログラードの代表は、こう答えたのだ――「彼らからその自発的好意によっては、われわれは何ものも得られないだろう。彼らは衣類、石炭、パンの値上りに投機しているのだ。というのは、クロンシュタットでは、ありとあらゆる旧来の屑どもが再び頭をもちあげてきたからである」と。これが真実の状況だったのだ。それは、事件のあとになされた甘っちょろい理想化とは似ても似つかぬものだった。

さらに付け加えねばならないのは、前線に送られることを恐れ、海を渡って彼らの新たなブルジョア的祖国ラトヴィアとエストニアに入ろうとしていたレット人〔ラトヴィア人〕とエストニア人の元水兵たちが、バルチック艦隊に《義勇兵》として参加したことである。この連中は、本質的にソヴィエトの権威に敵意を持っており、クロンシュタット蜂起に際してはこの敵意を遺憾なく発揮した……こうした連中を除いて、主として以前は農場労働者であった何千人というレット人の労働者がおり、彼らは内戦のあらゆる前線で空前の勇気を示したのである。われわれはだから、これらのレット人労働者と《クロンシュタット族》を同列に論じることはできない。社会的・政治的な相違点を確認することが不可欠なのだ。

蜂起の社会的根源

この問題を真剣に研究するには、客観的な条件にもとづいて、クロンシュタット叛乱の社会的・政治的性格と、革命の発展過程の中での位置づけを確定することが是非とも必要である。これなしには《批判》は、アレクサンダー・ベルクマン、エマ・ゴールドマンや彼らの最新版のエピゴーネンの精神と同じような、平和主義的な感傷的な嘆きに終わってしまう。こうした育ちの良い連中は、科学的探究の基準や方法を全然理解していないのだ。彼らは、叛徒の声明をまるで聖典を引用する説教師のように引き合いに出す。彼らはそのうえ、私がその《文言》(すなわちマフノや他の使徒たちの福音書)を考慮に入れないと不平をこぼすのだ。文言を《考慮に入れる》ということは、それを額面どおりに受け取ることを意味しはしない。マルクスは、どのような党派も人びとも、彼らが自分自身について語っていることによって判断することは不可能だ、と言ったではないか。一つの党派の性格は、語られたり書かれたりした声明よりも、社会的構成やその過去、他の階級や階層との結びつきにより、より良く決定することができるのだ。内戦の危機的な瞬間においては、ことにそうである。例えばもし、ネグリン、コンパニイス、ガルシア・オリベール商会の無数の声明を真に受けるならば、われわれはこうした紳士連を社会主義の熱烈な友人と認めざるをえないだろう。ところが、実のところ、彼らは社会主義にたいする油断ならぬ敵なのである。

一九一七―一九一八年には、革命的労働者は艦隊だけでなく全国の農民大衆を指導していた。農民たちはたいていの場合、自分たちの故郷に到着した兵士や水兵たちの指導の下で土地を獲得し分割した。パンの徴発は、大地主や富農から始められたばかりであり、主として彼らを対象としていた。農民は、徴発を一時的な災難として受け入れていた。だが、内戦は三年間も長びいたのである。都市は、主として戦争の要求のために、農村にはほとんど何も与えず、農村からほとんどすべてのものを奪った。農民は《ボリシェヴィキ》を認めていたが、《共産党員》にたいしては、ますます敵意を抱くようになった。以前には労働者が農民を前向きに引っ張っていたが、こんどは農民が労働者を引きずり戻していた。白軍が、部分的にウラル地方の農民や半農あるいは半労働者でさえをも彼らの側に引きつけることができたのは、ひとえにこの気分の変化によるものである。この気分、すなわち都市への敵意が、大小の工場や赤軍用に向けられていた列車を捕獲、掠奪し、鉄道を寸断し、共産党員を銃殺するなどした、あのマフノ運動の土壌となったのである。もちろんマフノは、これを《国家》にたいするアナキストのたたかいと呼んだのだが、実際には、それはプロレタリア独裁にたいする怒れる小所有者の闘争であった。同じような運動が、いくつかの他の諸地方で、とくにタンボフでは《社会革命党》の旗印の下に起こっていた。最後に、全国各地でいわゆる《緑色》農民部隊の動きが活発となっていた。彼らは赤軍も白軍も認めようとせず、都市の諸党派を避けていた。《緑軍》はしばしば白軍と遭遇し手酷い打撃を受けたが、もちろん赤軍からは何の慈悲も受けはしなかった。ちょうど小ブルジョアジーが経済的な意味で大資本とプロレタリアートの石臼のあいだで碾《ひ》かれるように、農民パルチザン部隊は赤軍と白軍とのあいだで粉々にされたのである。

マフノの部隊やクロンシュタット叛乱に、アナキズムの抽象的な原理と《国家社会主義》との闘争を見ることができるのは、まったく皮相的な見方をする人間だけである。事実これらの運動は、資本から自己を解放することを望みながらも同時に、プロレタリアートの独裁に従うことには同意しない小ブルジョア農民のひきつけであったのだ。小ブルジョアジーは、己れが何を欲しているのかを具体的には知っていないし、自らの置かれた立場のゆえに知ることもできない。小ブルジョアジーが自らの混乱した要求や願望を、あるときはアナキストの旗、あるときは人民主義、つぎにはあっさりと《緑軍》というふうに易々と結びつくことにより満たしていったのは、こういうわけなのである。彼らは、こうしたすべての旗を打ち振りながら、プロレタリアートに対抗して、革命の車輪を引き戻そうと試みたのであった。

クロンシュタット叛乱の反革命的性格

クロンシュタットの相異なる社会的・政治的階層を分け隔てている壁は、もちろん絶対的なものではなかった。クロンシュタットにはそれでもなお、機械を扱う資格のある労働者や技術者がある程度は存在していた。だが、彼らとても否定的選択という方法により、政治的に信頼できず内戦の遂行にはあまり役に立たないとされた連中だったのである。若干の蜂起《指導者》は、こうした連中から出ていた。しかし、幾人かの非難者が勝ち誇って指摘するこの状況は、まったく当然かつ不可避的なものにすぎず、叛乱の反プロレタリア的性格を一寸一分たりとも変えはしない。偽りのスローガンや偽の標語などなどに惑わされることを拒否するならば、クロンシュタット蜂起が、社会革命の試練とプロレタリア独裁の厳しさにたいする小ブルジョアジーの武装的抵抗に他ならぬことがはっきりとわかるであろう。

《共産党員ぬきのソヴィエト》というクロンシュタットのスローガンの意味するところは、まさにこの点にある――このスローガンには、ただちにエス・エルばかりでなくブルジョア的自由主義者も飛びついた。やや目先の利く資本の代表者であるミリューコフ教授は、ボリシェヴィキ指導権からソヴィエトを解き放つことは、すみやかなソヴィエト自体の崩壊を意味することを知っていた。メンシェヴィキとエス・エルが支配していた時代のロシア・ソヴィエトの経験、さらに一層明確には、社会民主主義者の支配下にあったドイツとオーストリアのソヴィエトの経験が、このことを証明していた。社会革命党＝アナキストのソヴィエトは、プロレタリア独裁から資本主義の復活への橋渡しの役を果たしえたにすぎない。その参加者の《理想》がどうであれ、それらは他の役割を果たすことはできなかったのだ。クロンシュタット蜂起は、このように反革命的性格を持っていたのである。

階級的視点――折衷主義者諸氏を怒らせるつもりはないのだが、これは依然として政治および歴史の双方を分析する際の根本的基軸である――に立てば、クロンシュタットの振る舞いを当時の危機的な日々におけるペトログラードの行動と比較してみることは、きわめて重要である。ペトログラードにおいてもまた、労働者階級の指導層全体が剥ぎとられてしまっていた。

飢えと寒さとが、モスクワよりもはるかに厳しく、この荒廃した首都を支配していた。英雄的でかつ悲劇的な時期だった！　皆が飢え、怒りっぽくなっていた。皆が満足していなかった。工場には不満が鬱積していた。エス・エルと白軍将校から送り込まれた地下工作者たちは、労働者の不満を軍事的叛乱と結びつけようとしていた。クロンシュタットの新聞は、ペトログラードのバリケードについてや何千人となく人びとが殺戮されたことについて書きたてていた。全世界の新聞雑誌が同じことを報じていた。ところが実際には、その正反対のことが起こっていたのである。クロンシュタット叛乱は、ペトログラードの労働者たちの関心を引きはせず、反発を招いただけであった。階級的境界線に沿って分離が起こった。労働者たちはただちに、クロンシュタットの叛徒はバリケードの反対側にいるということに気づき――そしてソヴィエト権力を支持したのであった。

ネップとクロンシュタット蜂起

アナキズムとPOUM主義そしてマルクス主義の一種の折衷物を生み出そうとしているかにみえるヴィクトル・セルジュは、実に残念なことだが、クロンシュタットにかんする論争に介入してしまった。彼の意見によれば、ネップをもう一年早く導入していたらクロンシュタット蜂起を回避することができたということになる。それは認めてもよい。だがしかし、事件の後にこの種の忠告をするのは、実にたやすいことなのだ。ヴィクトル・セルジュが記憶しているように、私が一九二〇年にすでにネップへの転換を提案していたというのは事実である。しかし私は、事前にはその成功についてまったく確信がなかったのだ。私にとって、治療が病気自体よりもさらに危険をもたらす可能性があることは、何の秘密でもなかった。党の指導者たちからの反対にあったとき、私は下部に訴えかけはしなかった。労働者にたいして小ブルジョアジーが反抗する口実を与えるのを避けるためであった。それに続く一二カ月の経験が、党に新たな路線の必要性をやっと納得させたのである。だが注目すべきことは、ネップを共産主義への裏切りと見なしたのはまさに全世界のアナキストたちであったということである。そしていま、アナキストの擁護者たちは、われわれがネップを何故もう一年早く導入しなかったのかと非難しているのだ。

一九二一年にレーニンは、党が頑固に戦時共産主義の方法を弁護するのは大きな誤りとなってきたことを何度も公然と認めた。だが、それが事態を変えるというのだろうか？　クロンシュタットの反逆の直接的、間接的原因が何であれ、それはその本質そのものにおいてプロレタリアートの独裁にたいする致命的な危険物だったのだ。政治的誤りを犯していたからという理由だけで、プロレタリア革命は自分自身を罰するために自殺してしまうべきだったというのだろうか？

それとも、クロンシュタット水兵にネップの布告を知らせれば、彼らを宥《なだ》めることができたというのだろうか？　幻想だ！　叛徒たちは意識的な綱領を持ち合わせてはいなかったし、小ブルジョアジーの本質そのものからして持つこともできなかったであろう。彼らの父親や兄弟たちが何はさておいても商業の自由を必要としていたことを、彼ら自身は明瞭にわきまえていなかった。彼らは不満を持ち混乱していたが、出口を見つけることができなかったのだ。もっと意識的な、すなわち右翼的な分子は、裏の方で暗躍しながら、ブルジョア体制の復活を狙っていた。だが、彼らは大声でそれを言いはしなかった。《左》翼は、規律の廃止、《自由なソヴィエト》、そしてもっと良い食糧配給を望んでいた。ネップ体制は、農民をそしてそのあとに軍隊や艦隊の不満分子を徐々に宥めてゆくことができたにすぎなかった。しかもこのためには、時間と経験とが必要とされたのである。

こうした議論の中でもっとも子供っぽいのは、蜂起などはなく、水兵たちは脅威を与えず、《たんに》要塞と戦艦とを奪取したにすぎないのだ、というものだ。まるでボリシェヴィキが、掩護物もない氷上を要塞に向かって進撃したのは、ひとえに彼らの性格が邪悪で、作為的に衝突を挑発するのを好み、クロンシュタットの水兵を憎悪し、アナキストの教義（当時、誰ひとりそんなものにかかずりあっていなかったことは断言できる）を憎んでいたためだというように聞こえるではないか。まるで子供の片言ではないか？　時も所もわきまえず、素人批評家どもは（一七年も後になって！）、革命がもし叛乱水兵をそっとしておきさえすれば、すべてが良い結果になっていただろうと指摘しようと努めているのだ。残念ながら世界中の反革命陣営は、彼らを断じて放っておきはしなかったであろう。闘争の論理は、過激派すなわちもっとも反革命的な分子が、要塞でも主導権を握ることを許したことであろう。補給にたいする必要性に迫られ、要塞は外国のブルジョアジーと彼らの手先きである反革命的亡命者に直接的に依存していったであろう。こうした方向に向けての必要な諸準備は、すべて完了していたのだ。同様な状況の下では、スペインのアナキストやＰＯＵＭ主義者のような人間だけが、幸運な結果を期待しながら受動的に待機していたことであろう。だが、ボリシェヴィキは幸いにも、別の学派に属していた。彼らは、火がついたときにできるだけ早く消し止め、犠牲者の数を最少限にとどめることが義務だと考えたのであった。

要塞なき《クロンシュタット一派》

本質的に、これらの批評家諸氏はプロレタリアートの独裁の敵対者であり、この目印によって革命の敵対者である。ここにすべての秘密がひそんでいる。彼らのうちある者が、革命と独裁とを認めているのは本当だ――ただし言葉の上だけで。だが、これは事態を救済しはしない。彼らは独裁に導かないような革命、もしくは力の行使なしにやっていけるような革命を望んでいるのだ。もちろん、これは実に《快適な》独裁である。しかしそれには、ちょっとした些細事――労苦する大衆の平均した、さらにきわめて高度な発達――を必要とする。だが、そのような条件の下では、そもそも独裁など必要ではないであろう。真に自由主義的な教育者であるアナキストたちのある部分は、百年か千年のうちには被圧迫者たちが大変高度な発達をとげ、強制は必要でなくなる日がくると望んでいるのだ。もちろん、もし資本主義がそのような発達をもたらすことができるとしたら、資本主義を転覆する理由などはなくなるであろう。暴力革命も、革命の勝利の必然的な帰結である独裁も、必要でなくなるであろう。しかしながら、現代の腐敗しつつある資本主義には、人道主義的＝平和主義的幻想の余地はほとんどない。

労働者階級——半労働者の大衆は、いうまでもなく——は、社会的にも政治的にも同質ではない。階級闘争は、この階級の最良の分子をとり入れた前衛を生み出す。この前衛がプロレタリアートの大多数を指導することができるとき、革命は可能になる。だが、これは被圧迫者の内的矛盾が消え去ることを全然意味しはしない。革命の最高潮期には矛盾はもちろん薄められるが、それはその後の新たな段階において高度に尖鋭的な形をとって現われるにすぎないのだ。これが、革命の全体としての過程である。クロンシュタットにおける事態の進行過程も、そのようなものであった。サロン左翼が事件のあとで、一〇月革命にたいして異なった路線を設定しようというのであれば、われわれはただ彼らの一人ひとりにその偉大な原理が——部分的なものであっても、傾向的なものであっても良い——一体、いつ、どこで実践によって証明されたかを丁寧に聞くことができるだけなのだ。将来におけるこれらの原理の勝利をわれわれに期待させる徴候は、どこにあるのか？　もちろん、答えを得ることはできないであろう。

革命というものは、それ自身の法則を持っている。とうの昔にわれわれは、これをロシアだけでなく国際的な重要性を持つ『一〇月の教訓』として定式化した。それ以来誰ひとりとして、これとは別の《教訓》を提出しようとさえもしなかった。スペイン革命は、逆説的に《一〇月の教訓》を裏付けている。しかも厳格な批評家諸氏は、沈黙しているか言葉を濁している。《人民戦線派》のスペイン政府は社会主義革命を窒息させ、革命家たちを銃殺している。アナキストたちは政府に参加し、また、たたき出されてもこの死刑執行人どもを依然として支持し続けている。そして、彼らの外国の同盟者や弁護人たちは、この間……苛酷なボリシェヴィキに抗するクロンシュタット叛乱の弁護に狂奔している。恥ずべき喜劇だ！

クロンシュタットをめぐる現在の論争は、水兵の反動分子がプロレタリア独裁を転覆しようとした、かのクロンシュタット蜂起そのものと同様の階級軸のまわりを回っている。小ブルジョア的俗物や折衷主義者は、こんにちの革命的政治の領域では無能であることを自覚しているので、古ぼけたクロンシュタットのエピソードを第四インタナショナル、すなわちプロレタリア革命の党にたいする闘争に利用しようというのである。この当世風の《クロンシュタット一派》もまた粉砕されるであろう――実に幸いなことに彼らは要塞を持っていないので、武器を使用することもなく……。

一九三八年一月一五日　コヨアカンにて　レオン・トロツキー

再びクロンシュタット鎮圧について

《クロンシュタット》にかんするこの前の論文で、私は問題を政治的な地平で提示しようと試みた。だが、個人的な《責任》の問題に関心を持っている連中がかなり存在している。さえないマルクス主義者で、いまは威勢の良いゴマスリ屋になっているスヴァーリンは、彼のスターリンにかんする著作の中で、私が自伝の中でクロンシュタット叛乱について意識的に沈黙を守っていると主張している——誰でも人に誇れない業績があるものだ、と彼は皮肉たっぷりに言う。シリガは、彼の『大いなる虚偽の国』(The Country of the Big Lie)の中で、クロンシュタット鎮圧に際して《一万人以上の水兵》が私に射殺されたと数え上げている(当時のバルチック艦隊を合わせても、そんな人数がいたかどうか疑問である)。他の批判者は、こんな言い方をする——しかり、叛乱は客観的に見て反革命的な性格を持っていた、だが、何故トロツキーは結果的に鎮圧(それ以外に何がある——?)にあたってかくも無慈悲な弾圧を行なったのか? と。

私は、この問題に触れたことはなかった。別に隠すべきものがあるからではなく、まさに何も言うことがなかったからなのだ。事件の真相は、私個人はクロンシュタット叛乱の鎮圧にも、それに続く弾圧にも、一切関与していなかったということである。だがこの事実そのものは、私にとって何の政治的意味も持ってはいない。私は政府の一員だったし、叛乱の鎮圧が必要だとも考えていた、だから鎮圧については責任を負っているのだ。こうした限定のもとに、私はこれまで批判に応えてきたにすぎない。だが、モラリストたちが、状況が要求していた以上の残虐行為を行なったと私を個人的に非難し、煩わし始めた以上、私は次のように言う権利があると考える――「道徳家諸君よ、ちょっとばかり嘘を言ってはしないかね」。

叛乱は、私がウラル地方に滞在中に起きた。ウラルから私は、第一〇回党大会に参加するためモスクワに直行した。まず平和交渉をし、次に最後通牒を出す、それでも要塞が降服に応じなければ最終的には叛乱を軍事的に鎮圧する、という決定――この一般的原則にかんする決定の採用には私も直接参加した。だが、決定が下された後は私はモスクワに留まり、軍事的作戦行動には直接的にも間接的にも関わっていない、それは完全にチェーカーの仕事だったのだ。

私が個人的にクロンシュタットに行かなかったというのは、どういうわけだったのか？　理由は政治的な性質を帯びていた。叛乱は、いわゆる《労働組合》問題にかんする論争の最中に勃発した。クロンシュタットでの政治工作は、すべてペトログラード委員会の手に握られ、ジノヴィエフが指導していた。この論争の中でもっとも執拗で熱情的だった私の中心的な論敵が、まさにこのジノヴィエフだったのだ。ウラルに出かける前、私はペトログラードに滞在しており、ある党員水兵の集会で演説した。集会の全体的な雰囲気は、私に非常に悪い印象を与えた。共産党員とは名ばかりの、めかして栄養の良くゆきとどいた水兵たちは、当時の労働者や赤軍兵士に比べて、まるで寄生虫のような印象をかもしだしていたのだ。ペトログラード委員会の方では、大変煽動的なやり方でキャンペーンが展開されていた。艦隊の指導的人物は、隔離されて脅しつけられた。ジノヴィエフの決議は、おそらく投票の九〇パーセントを獲得したことであろう。私は、その際、ジノヴィエフにこう言ったのを思い出す――「ここは実にうまくいっている、ただしいつひどいことになるか分からないがね」。この後すぐジノヴィエフは私とウラルに行き、クロンシュタットでの状況が「ひどく悪く」なっている、という緊急連絡を受け取った。ジノヴィエフの決議を支持した《共産党員》水兵の圧倒的大多数が叛乱に加わっていた。私は、そして政治局も反対しなかったが、水兵との交渉、必要ならばその鎮圧も、ほんの昨日まで水兵たちの政治的信頼を得ていた指導者たちにまかせるべきだと考えた。そうでなければ、あたかも党内論争で私に反対投票したことにたいする《報復》に私が来たかのようにクロンシュタットの連中が事態を受け取るおそれがあったのだ。

正しかったかどうかはともかくとして、私の態度を決定したのは、実にこうした配慮であった。私は、この問題からは完全にはっきりと身を引いた。鎮圧にかんしては、私の記憶する限り、ジェルジンスキーがじきじきにその任務を引き受けたのであり、ジェルジンスキーは彼の仕事に他人が干渉するのには我慢できなかったのである（これは当を得たことだ）。

必要以上の犠牲者が出たかどうかについては、私は知らない。この点にかんしては、私は時期遅れの批判者よりもジェルジンスキーを信用する。資料が欠如しているので、私にはいま結果論的に誰がどのように処罰されるべきだったのかを確定する、などということはできない。この点にかんする――第三者の立場でしかない――ヴィクトル・セルジュの結論は、私に言わせれば何の価値もない。だが、私は内戦がヒューマニズムの学校ではないことは喜んで認めるつもりだ。理想主義者や平和主義者は、つねに革命を《行きすぎ》のゆえをもって非難する。しかし大切な点は、《行きすぎ》は、歴史の《行きすぎ》そのものに他ならない革命の性格それ自身に端を発している、ということなのだ。革命一般を否定したいと願う者は誰でも、これを根拠に（些細な論文を書くことで）そうすることができる。私は、革命を否定しない。この意味において、私はクロンシュタット叛乱の鎮圧にかんして完全に責任を負うものである。

レオン・トロツキー
一九三八年七月六日　コヨアカンにて

ロシア革命における《一九二一年》——湯浅赳男

周知のように、一九二一年はロシア革命のターニング・ポイントであった。その前年、国内戦におけるボリシェヴィキの軍事的勝利は確実となった。二〇年春、帝国主義はシベリアより撤兵を開始せざるをえなくなったし、一〇月にはポーランドとの休戦条約が調印された。そして一一月には最後の白軍、ウランゲリ軍をクリミアより掃蕩するのに成功したのであるが、しかしながらこれはロシア革命の障害がすべて取り除かれたことをいささかも意味するものではなかった。一つの困難の除去は、もう一つの困難を表面に押し出すことになった。一九二一年春のクロンシュタットの叛乱は、この困難の深刻な意味をつげ知らせるものであったが、ボリシェヴィキ党によるその処理の仕方が革命の主体の変質をもたらした内容においても、それはすぐれてターニング・ポイントの意味を持つものであった。

（一）

言うまでもなくこの新しい困難とは、ロシア労働者国家における社会主義建設の課題であった。しかも、それはロシアにおける社会主義そのものの前提の建設＝近代化という課題、いやもっと直接的には、戦争と革命によって破壊された生産力そのものの回復という課題とからみあっているがゆえに、きわめて激烈なかたちでそれはボリシェヴィキ政権につきつけられたのであった。

端的に言えば、当時ロシアの工業生産は崩壊してしまっていた。一九二〇年四月の全ロシア労働組合第三回大会へのルイコフの報告によれば、石炭生産は一九一三年水準の一〇パーセントに、鉄鋼生産は五パーセント以下に、繊維産業では紡績のただの六パーセントしか操業していなかった。しかも、それはたんなる物的側面における崩壊にとどまらず、同時に社会的に産業プロレタリアートが階級として崩壊に瀕していることを意味するものであった。一九二〇年一月一日の工業労働者数は、一九一七年一月一日の五〇パーセントに落ち、いたるところで工場はその門をとざし、労働者も農村に逃亡して、消滅しようとさえしていたのである。それにまた、ポーランド戦争に勝利し、ポーランド労働者国家を媒介にロシア革命とドイツ革命とを結合しようというボリシェヴィキの夢はやぶれ、当面世界革命の直接的援助なしに、ロシア労働者国家が社会主義建設に着手しなければならないことは、すくなくともレーニン、トロツキーによっては二〇年の夏から秋にかけて観念されはじめていたことであった。

さらに重要なことは、ロシア労働者国家の軍事的勝利と世界革命の停滞＝ロシア革命の孤立という、マクロ・ダイナミックな次元においては対立する契機が、二〇年末から二一年初めにかけては、ミクロ・スタティックな次元ではロシア社会にはただ一つの方向、すなわち生活の非日常性より日常性への移行へと作用し、その結果として、社会心理的に労働者農民のみならずボリシェヴィキ党そのものの生活態度の変化を容易ならぬ程度にまで促進したことであった。すなわち、ボリシェヴィキ党そのものが、戦士たちの《誓約集団》より管理するエリートの《制度集団》へと変質し、彼らの大衆にたいする働きかけが上から下へと一方通行となると同時に、労農大衆もまた、革命の大義のために耐えがたきを耐える限界が破られたと感じはじめていた。今や、彼らは革命にたいして犠牲を献げるより、革命より利益を引き出すことに関心を持ちはじめた。しかし、ロシア労働者国家は、当時のこの労農大衆にたいして何を与えることができたであろうか。当然、不満が大衆の間にみなぎることとなった。農民は「戦時共産主義」による強制徴発をもはや甘受するつもりはなく、一部は耕作サボタージュすらあえてしようとしていた。労働者はより多くのパン、燃料の配給を求め、与えられぬままに二一年冬にはいくつかの工業都市をストライキの波が襲っていた。かくて、タンボフではエス・エルのアントノフが反ボリシェヴィキの五万の農民パルチザンを集めていた。サラトフからは、農民が町を襲撃し共産党員を虐殺したというニュースが伝えられてきた。ペトログラードでは、一日半ポンドのパンという生活条件に耐えがたくなった労働者は、二月に入るとぞくぞくストライキに入った。そしてクロンシュタットの叛乱も、その爆発の直接的契機はいずれであれ、こうしたソヴィエト・ロシアの状況の集中されたものの結果であることだけは明らかであった。

(二)

ところで、こうした状況にたいしてボリシェヴィキ党はいかに対応したのか。

はっきり言えることは、クロンシュタットの叛乱は、ボリシェヴィキを決して不意打ちしたものではなかったことである。すでに、農村における微妙なムードの変化は、北部におけるユデニッチの撃退、シベリアにおけるオムスク入城と、赤軍の勝利が見通された一九年末＝二〇年初めから、すくなくともトロツキーには、各地の戦線をかけめぐるなかで感じられていた。したがって、二〇年の二月にははやくも彼は次のように「戦時共産主義」を修正するプランをボリシェヴィキ党に提出していたのである。すなわち、——

「われわれの食糧政策は、農業生産物の（消費規準以上の）剰余の徴発に基礎づけられている。これは農民をして彼の家族の必要以上に土地を耕すよう刺激しない。とくに、（剰余とみなされる）三匹目の牝牛の徴発にかんする法律は、現実には、牝牛の密殺、ヤミ値での肉の密売、乳製品産業の崩壊をもたらしている。同時に、都市の半プロレタリア的、いや、プロレタリア的分子すら村落に定住して、そこで自己の農園を経営しはじめている。かくて、工業は労働力が不足し、農業では自給自足農家の数が不断に増大しつつある。この事実によって、剰余の徴発によるわが食糧政策は、掘りくずされている。〔中略〕一般的に、この国の食糧資源は枯渇し、徴発機関の改善もこの事実を改めることができないであろう。経済的崩壊の傾向は、次の方法で阻止しなければならない。（一）播種面積を増大するか、耕作を改善することが、より多くの利益となるように、生産費に比例した徴税（農業所得にたいする一種の累進課税）で剰余の徴発におきかえること。（二）工業生産物の農民への引き渡しと彼らの供給する穀物量との対応を、地区や町村単位のみでなく、個々の農家単位まで厳格にすること。地方の工業企業をこの任務に参加させること。農民の供給する原料、薪炭、食料品の代金を、一部分は工業企業の生産物で支払うこと。」

明らかに、この提言は、一年ののちにレーニンにより提案されるＮＥＰの原型にほかならない。トロツキーはその必要を、彼が組織し、指揮している兵士としての農民と接触するなかで、いちはやく感得することができたのである。しかし、レーニンをはじめとする中央委員会は、この段階においてはこの提言をカテゴリックに拒否した。しかしながら、「戦時共産主義」がロシアの労農大衆に耐えがたいものとなりはじめたことは、二〇年春におけるいわゆる「民主主義的中央集権派」（デセミスト）、ついで「労働者反対派」の出現というかたちでボリシェヴィキ党でも敏感に反映しないわけにはいかなかったのである。そしてそれは、ついに一九二〇年末より二一年初めのいわゆる「労働組合論争」をピークとして激しく燃えあがることとなったのである。

この論争は、結論的に言えば、一九一八年より満二年以上も行なわれてきた「戦時共産主義」の段階より新しい段階への移行をいかなる方向において実現するかをめぐって行なわれたものであった。そして、この方向を決定するものは、エルネスト・ジェルマンが指摘したように、第一に「消費と蓄積との間の矛盾」、第二に「生産と管理との間の矛盾」、第三に「労働者民主主義と経済成長との間の矛盾」のいずれを中軸として解決するか、というかたちで論争が提起されたのであった。このうち、「労働者反対派」が第一に解決しようと試みたのは、「生産と管理との間の矛盾」であった。レーニン＝ジノヴィエフ派が中心においたのは、「消費と蓄積との間の矛盾」であり、トロツキー＝ブハーリン派が以上二つの矛盾を総括しうるものとして解決することを試みたのは「労働者民主主義と経済成長との間の矛盾」だったのである。

だが危機の深刻さは、ボリシェヴィキ党内の討論より、より急速に事態を進行させることとなった。一九二一年二月二八日、ペトロパヴロフスク号の乗組員総会は、一五か条の要求、いわゆるクロンシュタット綱領を採択し、さらに三月一日の大衆集会はこのペトロパヴロフスク決議を自らのものとして決議したのである。

かくして、クロンシュタットの叛乱は開始された。三月五日、ソヴィエト政府は彼らに最後通牒をつきつけ、七日、ボリシェヴィキ党第一〇回大会が開会される前日、これにたいする赤軍による攻撃が開始された。

(三)

周知のように、この叛乱の意味はさまざまに理解されている。その一つの極には、その革命的意味の全面的肯定が、アナキストや、本書の筆者であるイダ・メットら一部のルクセンブルク主義者によって主張されているのにたいして、もう一つの極には、その全面的な反革命性の強調が、ボリシェヴィキ党、例えば、本書にその論文が付載されているトロッキーによって行なわれている。そして、その中間にはさまざまなニュアンスにおいて、いくつもの立場が存在する。

ヴォーリンによれば、それはアナキズム革命のかがり火となった偉大な英雄的闘争であった。彼は言う。「クロンシュタットは敗北した。しかし、それはひとつの仕事をなしとげた。重要な仕事であった。叛乱において、大衆の前に開かれた錯雑した薄暗い迷路のなかで、クロンシュタットは正しい道を照らす輝かしい松明であった。叛徒たちは権力という言葉や思想を追放して、共同や組織化や管理のことについて話すのではなく、彼らの環境のなかではいまだに権力（ソヴィエト権力）のことについて語っていたが、それは大した問題ではない。それは過去へ払った最後の貢物であった。ひとたび労働者大衆自身の手で言論と組織と行動の完全な自由が勝ちとられれば、ひとたび独立人民の活動の道が見出されれば、あとは自発的に自然にやってくるであろう。」

アナキストにとっては、ボリシェヴィキ政権それ自体が革命への裏切りであり、転覆されるべき対象であった。したがって、この水兵の叛乱は、労働者農民によるこの労農政権を自称するロシア労働者国家にたいする最初の大規模な叛乱としての歴史的意味を持つものとされたのである。

しかし、同じようにこの叛乱を肯定するとはいえ、イダ・メットは労働者農民の権力それ自体を否認していない。ただ《労働者民主主義》の立場から、この叛乱にたいして行使された弾圧を告発するのである。そして、この弾圧に示されたボリシェヴィキ党の権威主義的政策が労農政権を堕落させ、《国家資本主義》体制の桎梏下にロシアを追いこんだとするのである。つまり、「クロンシュタットにたいして用いられ、ロシア全土で広く実行された、かの政治的やり口こそが社会革命の廃墟の上に、革命本来の思想とはなんら共通性を持たない寡頭政治体制を組みたてることに貢献した」というわけである。

しかしながら私は、こうした見解が一九二一年に勝利を占めたならば、ロシア労働者国家はおそらく崩壊していたであろうと判断する。なぜならば、クロンシュタットの叛乱の根は決して局地的なものではなく、まさしくそれは全国的な危機であったであろうからであり、しかも、叛乱者はロシア労働者国家の指導を引き受ける用意がまったくなかったと判断されるからである。すでにアナキストも、エス・エルも、メンシェヴィキも大衆によってテストされ、その正体を暴露したのが一九一七年より二〇年に至るまでの歴史ではなかったか。反革命の攻撃よりソヴィエト政権を防衛しえたのはボリシェヴィキ党ただ一つであったことも、歴史が明確に示しているところではないか。したがって、二一年の危機の段階において彼らが進出したとしても、それらがロシア労働者国家を防衛しえたとは想像することさえ不可能である。この意味で、レーニンの次の言葉はおそらく正しいものであったろう。すなわち、「彼らは確かに白軍を欲してはいない。しかし、彼らはわれわれの政権をもまた欲していないのだ。」「われわれは商業の自由を要求し、プロレタリアートの独裁に抗議する民主主義的小ブルジョアのデモに直面しているのだ。しかし無意識に、彼らは白軍の踏み段、梯子、架け橋として役立とうとしているのだ。」

このことは、セルジュの次の思い出もまた証明していると思われる。彼は言う。「多くのためらいの後に、友人の共産党員たちと、わたしは、結局、党の側に立った。それは辛い一歩だった。その理由はこうだった。クロンシュタットの水兵たちは正しい、とわたしたちは考えていた。彼らは人民民主主義に通ずるはずの、新たな解放の革命を始めていたのだった。幼稚な幻想から抜け出せずにいた若干のアナキストは、それを《第三革命》と名付けた。だが一方このとき、この国は最悪の状態にあった。生産は実際に停止寸前だった。民衆の士気を支える精神的余力をも含めて、あらゆる種類の貯えが使い果たされていた。旧体制下の闘争の過程で形成された労働者階級の最良の者たちは、文字通り大量に殺されていた。時流に便乗する連中の殺到で数的にふくれ上がった党は、ほとんど信頼を失いつつあった。しかもその他の党派にしても、能力の疑わしい、わずかばかりの幹部を残しているだけで、何の力もなかった。」

指導はいらぬ。大衆を自由にすれば、大衆は自らの智恵で自らの道を発見しよう、とアナキストは言う。しかしこうした心情倫理の持ち主が、その考えを実現する立場を与えられたとき、政治家として最悪の日和見主義者となることも歴史が教えていることである。政治は固有の法則を持つ。政治家は責任倫理に立たねばならぬ。必要とあれば、悪魔とでも取り引きしなければばならぬ。

しかし、そうであるとするならば、この叛乱——最初の大規模な赤軍の叛乱——をひきおこした責任は、レーニン、トロツキーのボリシェヴィキ党にあるわけである。もとより、この確認は、たんなる事実の指摘ではなく、革命の指導部として自己を主張しようとするかぎり、この責任を引き受けるべきであるということを指摘するという意味におけるそれである。事実として、一九二一年の危機、その爆発としてのクロンシュタットの叛乱は、人力のいかんともしがたい、不可抗力的な事態と発展であったかもしれない。あるいは、なかったかもしれない。しかも、その経験より教訓を引き出すことは可能である。そして、これをなすことが叛乱の責任を負うことであり、また、叛乱に責任を負ってこそ、教訓を引き出すことも可能となるのである。おそらくこのことはレーニンによっても、トロツキーによっても自覚されていたことと思われる。それはセルジュの伝えている次のレーニンの言葉から、十分に推測できることであった。「これはテルミドールだ。だが、わたしたちは自分をギロチンにかけられるままなどにしないだろう。わたしたちは自らテルミドールとなるのだ。」

(四)

しかしながら、レーニンの死とトロツキーの追放は、彼らがこの責任を最後まで取ることを不可能とした。しかも、一九二一年の第一〇回党大会についてみるかぎり、この責任の取りかたはきわめて不十分なものであったと言わざるをえない。一言にして言えば、一方においてそれは労農大衆の俗物性をくすぐり、他方において官僚制的支配により異論を圧殺する、というやり口が、とりあえずレーニンが提起した責任の取りかたであった。すなわち、ＮＥＰと分派禁止にほかならなかった。

レーニンをしてこのような手段をとらしめたもの。それは彼が「労働組合論争」の意味をまったく理解することができないという事実ともつらなる彼の代行主義的思想によるものであった。すでに、一九二〇年一二月三〇日の演説「労働組合について、現在の情勢について、トロツキーの誤りについて」は、彼の「一人のこらず組織されたプロレタリアを通じて、プロレタリアートの独裁を実現することはできない」という固定観念によって、「労働者反対派」やトロツキー＝ブハーリン派の問題提起を理解することがさまたげられていることを示している。そしてクロンシュタットの叛乱のさなか、三月八日の第一〇回大会の開会の式において、なお次のごとく宣言していたのである。「同志諸君。われわれは異例な一年をすごした。われわれは、わが党内で討論や論争をするというぜいたくをあえてした。全資本主義世界を結合しているもっとも強大、有力な敵に囲まれた党、前代未聞の重荷を担っている党が、こうしたぜいたくをするとは、まことに驚くべきことである」と。

たしかにレーニンが強調しているように、ボリシェヴィキ党は「前代未聞の重荷」を担っていた。ではいかにして、この重荷を担いとおせるか。きわめて抽象的な言い方をするならば、それは、労働者農民の革命的動員による以外にありえないであろう。いかにして、労働者農民のエネルギーを噴出させるか。一切の真実の認識を土台とした討論にもとづいた納得のいく方針のアッピールによって以外にはありえないであろう。であるとするならば、第一〇回大会における彼の方針はまさに、事態の論理が求めるものに逆行するものではなかったか。もとよりクロンシュタットの一五か条の要求をそのまま容れることは、ロシア労働者国家にとってこのうえなく危険なことであったであろう。しかし「労働組合論争」はまさに、クロンシュタット綱領の問題意識を、いかにして現実のものにするかを討論したのであった。「労働者反対派」は《労働者管理》の《公約》の実行をせまっていた。それは、これまでのエリートによる支配に大衆を介入させることによって、レーニンの言うように、共産党独裁の意味におけるプロレタリア独裁の解体を志向することであった。これにたいしてトロツキー＝ブハーリン派は、政治＝経済の現状において、すぐさま《労働者管理》を持ち込むことは、すなわち、現在のプロレタリアートの精神的＝物質的水準にたいする批判ぬきに持ち込むことは、労働者の消費者としての立場を前提とした《労働者管理》に結果することは不可避的であり、それはかならずや挫折と混乱をもたらさないではおかないであろうとし、《労働組合の国家機関化》の綱領にもとづく、プロレタリアートの精神的＝物質的水準の揚棄をふまえた《労働者管理》の実現の道をまさぐったのである。第一〇回党大会は、これらの志向を抹殺した。かくして第一の局面においては、クロンシュタットの叛乱の責任はもっとも不十分なかたちで、とられることとなったのである。

＊　＊　＊

あれから半世紀が経過した。一九二一年には大勢に屈伏したけれども、その後、執拗に続けられ、死をもって報いられたトロツキーの後半生の闘争の一つの側面は、このクロンシュタットの叛乱の責任を政治的にとることにあったといえる（なお、彼自身もセルジュも言っているように、俗説とはことなり、トロツキー自身は個人的には弾圧の責任者ではなかった）。しかしながら、この間にクロンシュタットの叛乱の責任をとるためにではなく、これにおけるアリバイを主張するために、余りにも多くのことが語られすぎた。この点をぬきにしては、トロツキーの論文を理解することはできまい。彼は一九三八年七月六日付の論文の末尾でも言っているではないか。「私は、革命を否定しない。この意味において、私はクロンシュタット叛乱の鎮圧にかんして完全に責任を負うものである」と。

訳者付記

一九二一年三月一八日、奇しくも一〇〇年前のパリ・コミューン蜂起と同じ日、クロンシュタット叛徒の最後の銃火は圧倒的労農赤軍によって沈黙させられた。それは、コミューンの後継者をもって自認するソヴィエト・ロシアによってパリ・コミューン五〇周年が記念されている最中のことであり、今から五〇年前のことであった。クロンシュタットとは何か？　もとより我々は《プロレタリアート独裁の名における「反革命」との烙印》にも《プロレタリアート独裁を僭称する一党独裁による人民虐殺との断罪》にもこと欠いてはいない。だが、この対立はそれぞれに自足はしても何も生み出せない。為されるべきことは、クロンシュタット叛乱の即物的な分析を超えて、プロレタリアート独裁という緊張をはらんだ内実を一九二一年というある意味では決定的なコンテキストの中で把えかえす作業の突破口とすることではないか？

本書の底本としたのは、Ida Mett, The Kronstadt Commune, Solidarity, London, 1967.（原著は La Commune de Cronstadt, Spartacus, Paris, 1938.）および、Leon Trotsky, "Hue and cry over Kronstadt', 'The Questions of Wendelin Thomas', 'More on the Suppression of Kronstadt', Writings of Leon Trotsky, Pathfinder Press, New York, 1970. である。イダ・メットの『クロンシュタット・コミューン』については、仏語版にある「ロシア革命における海軍の役割」が英語版では省略されてある。この

本に関しては我々が参照しえた限りではコーン＝ベンディット『左翼急進主義』（河出書房刊）、Alfred Rosmer, Moscow sous Lénine および I. Steinberg, In the Workshop of Revolution において引用、典拠などがなされている。本書の構成については、湯浅氏の解説によりその意図が説明されているはずである。翻訳は、イダ・メットを蒼野、トロツキーを秦が行ない、蒼野がこれを統一した。

なお末尾ながら、トロツキーの資料を快く使用させていただいた柘植書房の諸氏に感謝したい。

一九七一年九月

†復刊ライブラリー

クロンシュタット叛乱

2017年12月31日　第1刷発行

著　者　イダ・メット／レオン・トロツキー

訳　者　蒼野和人／秦洋一

発行所　株式会社風塵社《ふうじんしや》
〒113‐0033　東京都文京区本郷3‐22‐10
TEL 03‐3812‐4645　FAX 03‐3812‐4680

印刷：吉原印刷株式会社／製本：鶴亀製本株式会社
装丁：閏月社

†復刊ライブラリー

『赤軍と白軍の狭間に』（トロツキー著、楠木俊訳）
2017年7月末刊行、本体2500円＋税　ISBN4-7763-0069-4
内戦末期、レーニン“最後の闘争”となるグルジア（現ジョージア）問題に直面したトロツキーの逡巡と確信。現在のコーカサス紛争に連なる歴史的文脈で、トロツキーは西側を激しく糾弾する。

『赤軍　草創から粛清まで』（ヴォレンベルク著、島谷逸夫・大木貞一訳）
2017年8月末刊行、本体2500円＋税　ISBN4-7763-0070-0
帝政ドイツの突撃隊隊長として第一次大戦を戦い、戦後はドイツ人共産主義者としてソ連軍に入り教官になった著者が、ロシア内戦から、ソ連・ポーランド戦争、赤軍大粛清までを語りつくす。スターリンの影はどのように赤軍を変質させたか？

『赤軍の形成』（レーニン、トロツキー、フルンゼほか著、革命軍事論研究会訳）
2017年9月末刊行、本体2500円＋税　ISBN4-7763-0071-7
赤軍はいかに形成されたのか。1917年から21年におけるロシア革命の動態の中で、党大会を基軸とする建軍への苦闘や論争を追跡した。いかにして労農赤軍を再組織化するか。レーニン、トロツキー、フルンゼらの論考を紹介。

『マフノ叛乱軍史』（アルシーノフ著、奥野路介訳）
2017年11月末刊行、本体2800円＋税、ISBN978-4-7763-0072-4
赤軍、白軍、民族派軍相撃つウクライナの人民深奥部に根を下ろし、ロシア革命の帰趨を凝視しつつ《呪縛の革命期》を疾走し去った幻の人民軍の幕僚の残した血書。リアルタイムでは大杉栄も注目したマフノ運動の全貌が明らかに！

『クロンシュタット叛乱』（イダ・メット／トロツキー著、蒼野和人／秦洋一訳）
2017年12月末刊行、本体2800円＋税、ISBN978-4-7763-0073-1
内戦勝利後の1921年、かつて革命の原動力となったクロンシュタット要塞の水兵たちの不満が高まり、蜂起へといたる。彼らは戦時共産主義を廃止し「革命の革命」を求めた。弾圧側のトロツキーの反論を附す。

『ブハーリン裁判』（ソ連邦司法人民委員部編、鈴木英夫訳）
2018年1月末刊行予定
革命はいかに扼殺されたのか。スターリンによる見世物裁判で「ドイツ、日本、ポーランドの手先」として、党内有数の理論家と目されていたブハーリンは1938年銃殺刑に処せられる。スターリンの絶対支配が確立し、革命は終焉した。

（各巻、四六判並製、200～300P程度、本体予価2500～2800円程度）